05

까만나라 노란추장 한상기의 신앙체험기

나는 나이고 싶다

I Wish I Could Be I

한상기 Sang Ki Hahn

학자원

한상기 박사가 국제열대농학연구소에서 연구한 얌(마)

서부 아프리카 원산인 얌(마). 앞에 있는 작은 얌이 씨얌(심는 얌), 뒤에 있는 얌이 재배 수확한 얌. 10kg 정도의 크기

한상기 박사가 1983년 나이지리아 이키리읍에서
'농민의 왕'으로 추장에 대관되었을 때 오바(왕)와 함께한 한박사 내외

한상기 박사가 1994년 나이지리아를 떠났을 때
송별회 하여 준 이키레읍 추장들

머리말

나는 1933년 칠갑산 자락 한촌에서, 어머님께서 3일간 진통을 겪으신 다음 양의의 도움을 받고, 기적적으로 나를 출산하셨다. 아버님은 정산 향교 전교를 지내신 유학자셨고, 어머님은 매년 70리 길을 걸어서 계룡산 신원사에 불공을 다니셨다.

식물유전 육종학자가 되고자 서울대 농대에 입학하여 2학년 때, 수덕사에 가서 한겨울을 지내면서, 김일엽 스님을 뵙고 좋은 말씀을 들었다.

오래도록 잊히지 않는다. 대학원시절 배문한 동문의 꾀임으로, 1959년 수원 북수동 성당에서 영세하였다. 배문한 동문은 후에 신부가 되시어 동해안에서 세 여인이 바닷물에 빠져 사경에 있었을 때, 바다에 뛰어들어 그 세 여인을 구해 살리시고, 본인은 기진하여 병원에 이송되시다 선종하시어, 살신성인殺身成仁하신 신부님이시다.

서울대 농대 교수가 되어 있었을 때, 나에게 두 갈래 길이 주어졌다.

하나는 영국 캠브리지에서 초청받아 식물유전 육종학을 연구하는 것이었고, 다른 하나는 가난과 굶주림에 허덕이는 아프리카 가난한 사람들의 식량안전을 위하여 나이지리아 이바단에 창설된 국제열대농학연구소에 가는 것이었다.

1970년(혹심한 내란이 끝난 해) 나이지리아 라고스 경유 영국 런던에 가는 비행기표를 사가지고 우선 나이지리아 이바단시에 있는 국제열대농학연구소에 가서 인터뷰한 다음, 여기에 갈까 저기에 갈까 망설이다가, 캠브리지에 가는 것을 포기하고 아프리카에 가서, 가난하고 굶주리는 아프리카 사람들의 주식작물개량을 위한 연구의 길을 택해, 1971년 아이들 셋만 데리고 큰 아이는 한국에 떨어뜨리고 갔다.

1994년까지 일왕불퇴一往不退의 각오로, 23년간 하루도 결근 않고 일하면서 공무 차 여러 아프리카 나라와 아시아, 남미 여러 나라를 다녀야 했다.

무려 73개국에 다녔다. 내병다수성 카사바를 만들어 농민들에게 대대적으로 보급하여, 기아 해소시켜 나이지리아 이키레읍 추장이 되기도 하여, 한국에서는 1980년대 초등학교 생활의 길잡이 책(3학년 2학기)에 그리고 최근에는 초등학교 6학년 1학기 국어읽기에도 소개 되었으며, 이에 대하여 웅진출판사가 펴낸 '까만나라 노란추장'이라는 책이 무려 47쇄나 나왔다.

우리 내외는 삼수갑산 나이지리아 이바단 연구소 사택에서 살면서 둘이서만 얼굴 맞대고 외롭고 쓸쓸하고 어렵게 살아야 했다. 일종의 수도생활과 같았다.

1994년에 은퇴하여 집사람이 세 아이들 가까이 가서 살자 하여, 춥고 눈 많이 오는 미국 클리블랜드에 가서 21년간 살았다. 거기에서는 오히려 더 외로웠다.

외로움을 달래기 위하여 베네딕토 수도원 수사 신부님들이 운영하는 인근 미국 성당의 새벽미사에 내외가 10여 년간 함께 나가면서 미사 참례 가기 전 나는 집에서 기도하다 무아경에 들었을 때 떠오른 것을 적었다. 그리고 아프리카에서 나를 위하여 무진 고생한 집사람이 2010년대 치매가 일어 보살펴줘야 해서 새벽 미사에 참례 못하고 5년간 집사람 거들어 주며 집에서 새벽 2시에서 5시 사이에 일어나 무릎 꿇고 합장하고 50개 성경구절을 암송하고 기도하다가 무아경에 들었을 때, 떠오른 것을 적어, 공책 170권에 적었다. 이것은 아프리카에서 23년간 그리고 미국에서 21년간 도합 44년간, 이렇게 외로운 환경에서 기도생활을 하면서 적은 것이다. 그리고 꿈도 기록하여 두었다.

치매 걸려 근 10년간 허덕이는 집사람 데리고 한국에 묻히려고 반세기만에 2015년에 귀국하여 수원에서 살고 있다.

새벽에 일어나 기도하다가 무아경無我境 중에, 떠오른 것을 적은 것이 천여 개 된다. 그 중 골라서 5권의 시리즈 책에 수록한다. 무아경 중에 떠오른 것이 다양한데도 기이하게 중복 되는 것이 거의 없고, 단속적으로 기록한 것인데, 문맥이 정연히 연결되어 있다. 이것을 수정치 않고 (철자만 고치고) 그대로 여기에 실었다. 난해한 것이 많다. 나는 어휘가 부족한 사람이다.

그런데 어찌된 것인지 써보지도 않은 단어가 튀어나와 적기도 하였다. 이것은 나에게서 나온 것이 아니라 위에서 내린 것이라고 여긴다. 나의 명상시집 '아프리카 광야에서'에 대하여 저명한 문학 평론가 정과리 선생이 이렇게 평하여 주셨다. '시편들을 읽어보면 그 각오는 신앙과 깊이 관련되어 있는 것으로 보인다. 수직의 높이에서 진리의 이름으로 그에게 내려 온 말씀이 있었을 것이다.'

나는 오랫동안 외국 생활을 하여야 했고, 농학을 한 사람이라서 여러 책을 탐독할 수 없었다. 그러나 짧은 지식으로 무아경에 대하여 알아보려고 시도했다. 최근에 심리학 해설(칼 융 지음, 성영환 옮김)에서 내가 기도 중에 체험한 것과 매우 가까운 것을 발견하였다. 그 안에 있는 꿈, 무의식 그리고 상징을 적용하여 무아경에 대하여 이렇게 외람되이 정리하여 본다.

무아경을 통하여 외부로부터 차단된 상태가 됨으로써 위선적이고 인습적인 아집의 사고에서 탈피하여 새로 나게 된다. 그래가지고 이성과 본능을 일치하게 하고, 원형과 의식 그리고 무의식의 통합을 이루어, 태초에 지니고 나온 본능에 이르게 한다. 그리고 저 심연에 깊숙이 잠겨 있는 심리의 집단적이고 구조적인 요소와 같은 원초적 심상과 접하게 함으로써, 자발적이고 창조적인 인간이 된다. 그렇게 되어 꾸미지 않고 자연스런 지혜가 풍부한 무의식의 저장고에서 충만한 기운을 끌어내고, 명확하고 신선한 메시지가 나타나게 한다. 그렇게 됨으로써 자아 실현되어 영광스럽고, 보람 있고, 보다 순수한 삶을 영위할 수 있게 된다. 종국적으로 하느님 보시기에 좋은 모습으로 하느님께 나아가, 하느님 사랑 받고, 하느님과 함께 할 수 있게 된다.

무아경은 정신 건강뿐만 아니라 신체건강에도 매우 좋다.

논쟁 대상이 될 글들이 많으리라 본다. 이점 너그러우신 아량으로 읽어주시면 감사하겠다.

이 책에 실은 글들은 주로 클리블랜드 아삼숀 성당(베네딕토 수도원 수사 신부 운영)에 나가면서 기도 중 무아경에 들었을 때 떠오른 나의 신앙체험의 기록인데, 대화 형식으로 적었다. 하느님과 예수 그리스도 그리고 성령 또 성모님과 대화한 것이라 여기고, 첫 번째 난에는 나의 말을, 두 번째 난에는 성령·성모님의 말과 예수 그리스도와 하느님의 말씀을 기록하였다. 성령·성모님의 말씀과 하느님의 말씀은 글자 모양을 다르게 하여 구분하였다.

- 성령·성모님의 말씀: 존재의 존재 가운데 / 제일 가까운 존재가
- 하느님의 말씀: 항상 있으니까 / 어디에나 있으니까!

집사람이 치매로 어려움을 겪어갈 때 기도하면서 무아경 중 떠오른 것이 보다 간절했고 좋았다.

나에게 십자가는 십자가이기에 충분한 십자가인가?
정녕 나는 하느님 보시기에 좋은 나인가?
나는 그런 나이고 싶다.

아프리카에서 23년간 희생하면서 나의 뒷바라지 하여 준 나의 충실한 아내 김정자 필로메나에게 감사한다. 원고를 읽어 주시고, 좋은 조언과 간곡한 격려말씀을 하여주신 정양모 신부님, 곽현석 스님, 김상오 목사님, Yung Bok Johnson 목사님, 차영규 교수님, 배일동 명창님, 김지원 시인 여행가, 박찬현 시인 영성가, 김연수 국장님에게 감사한다.

표지 제목은 한국서예협회 용인 지부 지부장이시고 한국서예협회 심사위원이신 담산 이순금 선생이 친절히 써 주신 것이고, 표지 그림은 15권의 책 저자이시며 특히 산문과 그림으로 엮은 '황혼은 어디서 그렇게 아름다운 상처를 얻어 오는가'의 저자인 배문고등학교 국어교사 김보일 선생님의 드로잉이다. 저자초상과 본문 제목 옆에 있는 '길' 그림은 파리에서 활동하는 세계적인 화가 정택영 화백의 작품이다. 이순금 선생님, 김보일 선생님, 정택영 화백, 학자원 김병환 대표에게도 감사의 마음을 전한다.

한상기 씀

너희는 내가 굶주렸을 때에
먹을 것을 주었고,
목말랐을 때에 마실 것을 주었으며,
나그네 되었을 때에 따뜻하게 맞이하였다.
또 헐벗었을 때에 입을 것을 주었으며
병들었을 때에 돌보아 주었고
감옥에 갇혔을 때에 찾아 주었다.

주님 언제 저희가 그리하였습니까?

너희가 여기 있는 형제 중에
가장 보잘것없는 사람 하나에게
해 준 것이 바로 나에게 해 준 것이다.
(마태 25, 35-40)

자연 속에 가득히 들어앉은 하느님의 섭리와 하느님의 뜻

꽃 한 송이를 봐도 알 수 있는 하느님의 뜻은 자연에서 먼저 찾을 수 있다. 차가운 계절 겨울을 지나서 메마른 가지에 수액이 올라 조그마한 싹이 움돋으며 꽃망울을 틔운다. 상서롭기 그지없는 생명은 한줌 햇살을 받고서 어느 생명보다 아름다운 꽃송이를 피운다. 그 꽃송이는 열매를 맺기 위해 달콤한 향기로 벌과 나비를 불러들여 화분을 옮겨 놓는 수고로움을 나누고서, 그리 길지 않은 시간에 열매의 성장을 위해 꽃잎은 시든 채 뚝뚝 떨어져 나간다.

고통스럽다거나 슬프다는 외침도 없이 꽃이 해야 할 임무를 마치고 그렇게 스러져간다. 때로는 비바람이 몰아쳐 꽃잎이 우수수 떨어져 나가도 아무 말(뜻)이 없다. 처지대로 생명의 마감을 하는 순명의 따름인 것이다.

이렇듯 꽃 한 송이에서 보듯이 그들은 자신의 입지를 표명하지 않는다.

그들은 곧 하느님의 뜻대로 피었다가 지는 것뿐이다.

자연 곳곳에 하느님의 소명과 의지가 가득하다.

창세기를 보면, 하느님께서는 마지막 날 우리 인간을 흙으로 만드시면서 흙으로 돌아가는 법을 주셨는데, 그 법 안에는 인간에게 자율의지를 심어 주셨다.

흙으로 만드신 하느님의 뜻대로 살다가 삶을 마감하면, 육신은 흙으로 돌아가고 영혼은 영원한 생명을 누리는 세계를 선물로 주셨다.

그러나 하느님 뜻대로 살지 않은 인간은 흙으로 돌아가되 영원한 생명을 보장받지 못한다는 것이다.

우리가 그 영원한 생명을 얻기 위해서는 어찌 살아야 할 것인가.

이론은 이렇다. 서두에 쓴 자연의 꽃 한 송이.

그 꽃과 곤충과 식물들은 자신의 생각과 의지(뜻)가 개입되지 않았음이다.

처음부터 하느님의 뜻으로 순수한 결정체가 되어 피고 졌을 뿐이다.

그 자연 속 인간의 영역에 하느님 뜻은 무엇일까, 인간도 자신의 의지(뜻)를 개입시키지 않고 오로지 하느님의 뜻에 맡김으로써 온전한 하느님의 소유가 되고 하느님의 뜻이 이 땅위에서 자신 안에 사시는 것이다.(주님의 기도)

인간의 자율의지에는 숱한 자신의 감정이 존립하는데 그것들은 거의 이기적이거나 자신의 영광, 자신의 안위, 자신의 기쁨을 위해 뜻이 존재하는 것이다.

자신의 뜻을 없이하는 일은 사실 고통 속에 살다간 성인들처럼 살아야 자기 뜻이 없어지고 하느님의 뜻이 존재하는 것이다.

『나는 나이고 싶다』 3·4·5권을 읽으면서 깨달은 것은, 저자께서 하느님의 뜻을 모시고 살아가시듯, 우리 각자 역시 인간의 독립적 자아를 아무것도 아닌 가벼운 무게로 여기며 살아야만, 하느님은 인간 안에서 분명히 자유롭게 사시면서 제3의 영역인 시공간을 넘나들 것이다.

자신의 뜻을 없애고 하느님의 뜻이 사는 일은, 하느님께서 사람의 뜻을 사랑하고 사람도 하느님을 진실하게 사랑하는 것이다.

또, 자신보다 못한 이와 타인에게 자신을 낮춤으로써, 하느님의 피조물들인 '남을 나보다 낫게 여기거나 높이 보는' 시각이야말로 참된 겸손인 것이다.

이 세상을 살아가는 사람들 가운데 어느 누가 자신이 남보다 못하게 여겨진다면 좋은 감정을 가지고 참을 수가 있겠는가.

보편적으로 많은 사람들이 자신의 자존을 굽히지 않고 절대 낮추려 들지 않을 것이며, 남보다 자신이 우월하다고 여기는 삶의 사회이다.

단지, 이 세상을 창조하신 유일한 신이신 하느님을 알게 되어, 그분을 따르기 위해서 말씀대로 이루어져 빛으로 살아가고 있기에, 하느님께서 가르치시는 대로 살고자 하는 순수한 인내력의 소유자들은, 항상 두려운 마음과 공경하는 마음으로 자신의 주장과 이기적인 불필요한 마음들을 감사하는 마음으로 내려놓는 것이다.

우주를 지으시고 억조창생부터 지금까지 유일하게 살아 현존하시는 하느님이시고 전능하신 분이시기에 우리를 지으신 뜻대로 우리는 그렇게 사는 것이다.

『나는 나이고 싶다』는 자신의 뜻을 손쉽게 내려놓을 수 있는 묵상 길잡이가 될 것이다.

누구나 같은 마음이겠지만, 아직 살아 있는 육신으로 거룩하신 하느님의 외아들이신 그리스도와 성인 성녀들의 사랑을 받으며 묵상 가운데 통교하고 싶지 않겠는가.

그분들은 자연 속에 계시며 한 줄기 바람으로 밝은 햇살로, 항시 우리들 곁에 머무시는 것이니, 늘 즐겁고 기꺼운 마음으로 신앙의 길을 갈고 닦노라면 반드시 그분들을 흡족한 마음으로 만날 것이다.

아니 어쩌면 만나고 있을 수도 있다.

저자이신 '한상기' 박사님은 묵상의 문을 열고 신비의 교감을 하고 계시기도 하다.

오랜 시간 동안 성서 구절을 암송하시면서 하느님 앞에서 자신을 낮추시고 말씀의 핵심 속으로 들어가 낮은 수평을 이루었기에 일상의 기도와 생활이 하느님 뜻을 모시는 데 큰 수행의 열쇠였다고 생각해 본다.

수행을 하는 수도자들과 사막의 성인들의 일련의 삶이 모두 대동소이하다.

매일 모시는 성체 안에 당신의 형상을 감추시고, 매일 기적을 만드시며 우리 생활 영역 안에 계시는 하느님이시다.

어제의 자신은 이미 죽고, 오늘의 자신에게 감사하며 내일은 그분 안에서 살아갈 수 있기를 염원하며, 매일 그분의 현존을 성서 안에서, 성체 안에서, 기도 안에서 기쁘게 만나시길 진심으로 기원합니다.

박 찬 현 바울라

서울제일교회 김상오 목사님 서평

존경하고 사랑하는 한상기 박사님의 '나는 나이고 싶다(I Wish I Could Be I)' 책을 받아서 만나보고, 박사님께서 걸어오신 신앙과 생애의 발자취를 회상해 보며, 그 동안 함께하신 하나님의 은혜에 감사를 드리며, 존경하는 마음을 한상기 박사님께 담아 드립니다.

사도바울은 사명을 위하여 자기의 생명을 대가로 지불하며, 나의 나 된 것은, 오직 하나님의 은혜라고 고백하며 사명을 다 했는데, 한상기 박사님의 글들마다 이러한 면면을 만나게 됩니다.

모세는 아무것도 아닌 자라 할지라도, 전능하신 하나님이 들어서시면 권능자가 될 수 있다는 것을 깨달았습니다. 한상기 박사님의 생애가 마치 모세와 같은 생애이신 것만 같습니다. 신앙과 삶의 자취가 녹아, 살아 노래하며 숨쉬는 "나는 나이고 싶다" 기도의 글을 사랑합니다.

행복은 우리 모두의 이상이요, 꿈이라 할 수 있습니다. 행복론의 저자 힐티는 말하기를 "모든 참다운 행복은 우리의 힘 닿는 곳에 있다는 것을 기억하라. 힘이 미치지 않은 먼 곳에 있다고 생각지 마라"고 했습니다. 그러면서 그는 참된 행복은 그리스도 안에 있을 때만이 가질 수 있는 것이라고 했습니다. 사랑하고 존경하는 한상기 박사님 사랑하는 사모님의 건강회복을 위해 기도 드립니다. 믿음으로 승리의 생을 살아오시며, 행복자의 생애를 살아오신 박사님 사랑합니다.

곽현석 스님의 추천사

예술과 문학은 그리고 나라는 존재를 통해 피어나는 세계의 꽃이라 생각합니다. 세계는 이 꽃이 피어남으로써 비로소 의미를 갖게 됩니다. 그중에서도 시인은 마음이라는 대양에서 미지의 생물을 건져 올리는 어부와도 같다고 생각합니다.

한상기 박사님은 아프리카에서의 실천과 봉사로써 이미 자신의 깨달음을 보이셨지만 그 힘의 원천이 더 깊은 영혼의 뿌리에 닿아있음을 글을 받아 읽고 나서야 알 수 있었습니다.

하나님과의 합일을 소망하시는 한 박사님이 나 같은 승려에게 추천사를 왜 부탁하셨을까? 어떻게 써야 할까? 고민도 되었지만, 하나님을 깨닫고 하나님을 통한 삶을 깨닫는 일이 불법佛法을 깨닫고자 하는 우리와 조금도 다르지 않다고 생각이 들었습니다.

이미 한 박사님은 믿음의 성도인 신앙인이자 진리를 탁마하는 구도자이기도 하기 때문입니다. 구도의 여정이나, 하나님과의 합일이나 진정한 자신의 깨어짐과 본래에 대한 깨달음이 없이는 처음과는 다른 그 무엇이 되기 십상입니다.

요즘같이 더 복잡해지고 가까워진 현대에서는 더욱 길을 잃기 쉽습니다. 합의된 조화나, 평화 속에서 바닥없는 진정한 자신의 깨어짐은 일어나지 않습니다. 바닥을 뚫고 솟아나는 "참"도 샘솟지 않습니다.

해와 달이 함께 어우러지고
불과 물이 공존할 수 있는가
해가 뜨면 달이지고
물이 솟는 곳에 불이 꺼지네.
삶이 있으면 죽음이 멀고
죽음이 있는 곳, 삶이 그치는 곳이네.
극단은 항상 서로 시비하며 마찰하며 살아가네.
너와 나도 그러하고
나와 주님도 그러하네
해와 달이 처음부터 함께 있고
용과 호랑이가 함께 노니는 세계가 있다면
나와 주님도 그러할 것이네.
그것을 둘로 쪼개보는 것은 변덕스런 우리마음 아니던가.

한 박사님의 시를 통해 많은 분들이 온전히 자신이 깨어지고 하나님과 하나됨을 명상하고 깨달아가는 기쁨이 충만하기를 기대하고 확신합니다.

무엇을 걱정하십니까. 기도할 수 있는데,

김인자(시인, 여행가)

어떤 끌림이 있었을까. 아니면 누가 그 먼 곳으로 이분을 부르셨을까. 이 책의 저자 한상기 박사님은, 나이지리아 이바단의 국제열대농학연구소에서 23년간 연구를 거듭하는 동안, 내병다수성 카사바 개량종을 만들어 아프리카 가난에 기여한 공으로 이키레읍 추장으로 추대된 바 있다. 자신이 머문 자리에서 묵묵히 혁명을 일으킨 희생과 공적을 범부인 나로서는 일일이 열거할 수 없지만, 그 대표적 예로 지금껏 많은 아이들에게 읽히고 있는 『까만 나라 노란 추장』(웅진출판사) 대한민국 초등학교 6학년 1학기 국어읽기 교과서다.

박사님은 생의 반 이상을 타관에서 보냈고, 그 반을 아프리카 농학연구에 바친 시간은 절대 외로움과 싸워야 했던 수도생활과 다를 바 없었다고 술회하였는데 그만큼 신앙에 몰입할 수밖에 없는 고독한 삶이었음을 반증하는 것이리라.

이 책은 약 44년간 기도의 응답을 적은 170권의 노트를 축약했으며, 박사님의 글을 읽는 동안 내가 맞닥뜨린 감정은 아이처럼 참으로 순수한 성정性情을 가졌다는 것이다. 문체에 화려한 수식어나 미사여구가 없는데 감동을 주는 이유도 그 순수한 성정과 무관하지는 않을 것이다.

책 머리말에도 '이것은 나에게서 나온 것이 아니라 위에서 내린 것'이라 했듯, 문장을 억지로 짜서 엮은 것이 아니라 새벽기도 중 무아경 상태에서 그분이 주신 말씀을 받아 적었다는 것에 의심의 여지가 없다.

무아경無我境의 사전적 의미는 '정신이 한곳에 쏠려 자신을 잊는 경지'라 정의하고 있지만, 크게 보면 영혼의 씨앗이 발아한 태초의 자리로 돌아가는 것, 타의에 휘둘리지 않고 자의적 간구로 이루어지며 신과 일대 일의 관계에서 천착은 물론 집중적이고 지속적인 몰입이 요구된다. 어쩌면 신앙심에서의 무아경이란, '오직 당신의 뜻대로' 라는 명제 앞에 몸을 낮추고 엎드리는 일이며 의심을 가지되 의심을 버리고 믿고 맡기는 것일 터다.

사람으로 세상에 와서 한 점 부끄럼 없는 삶을 살다 갈 수 있을까. 본인의 의지와 상관없이 벼랑 위를 홀로 걸을 때 우리는 무의식중에 손을 잡아 줄 그분(神)을 찾는다. 그리고 실낱같은 기도를 통해서 마음의 키가 자라는 걸 경험한다.

나는 '한 가지를 오래 생각하는 것이 기도'라는 나름의 정의를 갖고 있다. 그러므로 기도란, 나 개인의 유익만을 위해서가 아니라 타인을 위해 함께 걸어주는 것, 보상 없이 상대를 기쁘게 하는 것, 낮은 곳에 숨어 선행을 이루는 것, 두 팔로 가난한 이웃을 안아주는 것, 밥을 나누고 사랑을 나누는 것, 용서를 구하여 끝내는 그분을 기쁘게는 하는 일이 아닐까 싶다.

이 책 본문 '약유어천주'의 한 대목 속에는 박사님이 전하고자 하는 모든 것이 함축되어있다. 이 메시지는 쉽고 간결하지만 울림이 크다.

간다고 하는 것은
가는 것이 아니다!
온다고 하는 것은
오는 것이 아니다!

내 안에
머물면
가고 오는 것이
없다!

내가 자주 오가는 골목 끝에는 유독 작은 십자가 하나가 눈에 들어온다. 보다 구체적으로 말하자면 십자가보다는 낡은 천막교회입구에 걸려있는 현수막의 글귀다. “무엇을 걱정하십니까. 기도할 수 있는데,” 실행하지 않는 기도가 무슨 의미가 있을까만, 종교를 갖지 않는 사람일지라도 살면서 크고 작은 시련이 닥칠 때 이 말씀과 마주하면 위안을 받을 듯싶다. 아니 어쩌면 내 자신이 기도가 필요한 때가 되어서야 그 글귀가 눈에 들어온 것인지 모르지만, 곱씹을수록 위안이 되는 전언이다.

물아일체物我一體, 타인은 속일 수 있어도 자신을 속일 수 없듯, 자신은 속일 수 있을지 몰라도 내 안의 신은 속일 수 없다. 조용히 무릎을 꿇어 기도하다 보면 누구라도 영혼의 피안을 만나게 될 것이다.

박사님께서 이 책을 세상에 선보이는 이유 또한 ‘밤마다 초에 불을 붙이고 그 초를 다른 초에 옮기는 마음’과 같지 않을까 싶다. 절실한 간구도 필요하겠으나 진실한 간구가 아니면 응답하지 않는다는 것, 박사님의 신앙 간증집(고백록)을 읽으며 든 생각이다.

가나 아칸 족 격언에 “한 그루의 나무로는 숲을 이룰 수 없다.”고 했다. 『나는 나이고 싶다』 이 책이 세상에 나오는 순간, 보다 많은 독자들을 만나 그분의 말씀과 기도가 한 그루 나무에 그치지 않고 무성한 숲이 되는 놀라운 축복을 기대해 본다.

무술년 새해 대관령 산방에서 쓰다.

미국 미네소타에서 사시는
Yung Bok Johnson 목사님의 서평

Rev. Yung Bok Johnson's Comments

Pardon me, please, the finger is getting stiffer by now. Life's lesson/Way From 'I Wish I Could Be I' By Dr. Sang Ki Hahn. Your Being, breathing, conversation/meditation with Heavenly Father, acting with absolute ADORATION, trust, submission to our FATHER without any reservations, "WALK WITH FAITH NOT BY SIGHT" Scattering SEEDS OF LOVE(GOD IS LOVE), shed HIS LIGHT on your path, wherever your journey led, it defines what Life-living should be like while our spirit is in our physical body, glorify during we are on this beautiful planet.

I AM IN DIVINE,
DIVINE IS IN ME,
I AM DIVINE.

죄송합니다. 현재 나의 손가락이 굳어가네요.(목사님께서 건강상태가 매우 좋지 않아)

박사님의 '나는 나이고 싶다'는 삶에 대한 교훈입니다.

박사님께서 아무 조건 없이 주님을 믿으시며, 주님께 자신을 완전히 내 맡기시고, 찬양하시면서 숨 쉬며 대화하시고, 명상하시어 눈으로가 아니라 믿음으로 걸어가시게 되셨으니 그에 대하여 전적으로 칭송합니다.

박사님께서 걸어오신 길에, 주님 사랑의 씨앗을 뿌리시고 빛을 밝히셔서, 어디를 가시나 생명과 삶에 불을 밝히시고, 우리의 영이 우리의 육체에 머무는 동안 우리가 어찌 살아가야 하는지를 잘 알리십니다. 그리고 우리가 이 아름다운 우주에 머무는 동안 주님께 영광 드리게 하십니다.

'나는 주님 안에 있고
주님께서 내 안에 계시니
나는 성스럽다'
고 멋지게 읊으셨네요.

차례

죄와 용서

결단 각오 노력

남을 도와야

성령

성모님

부록

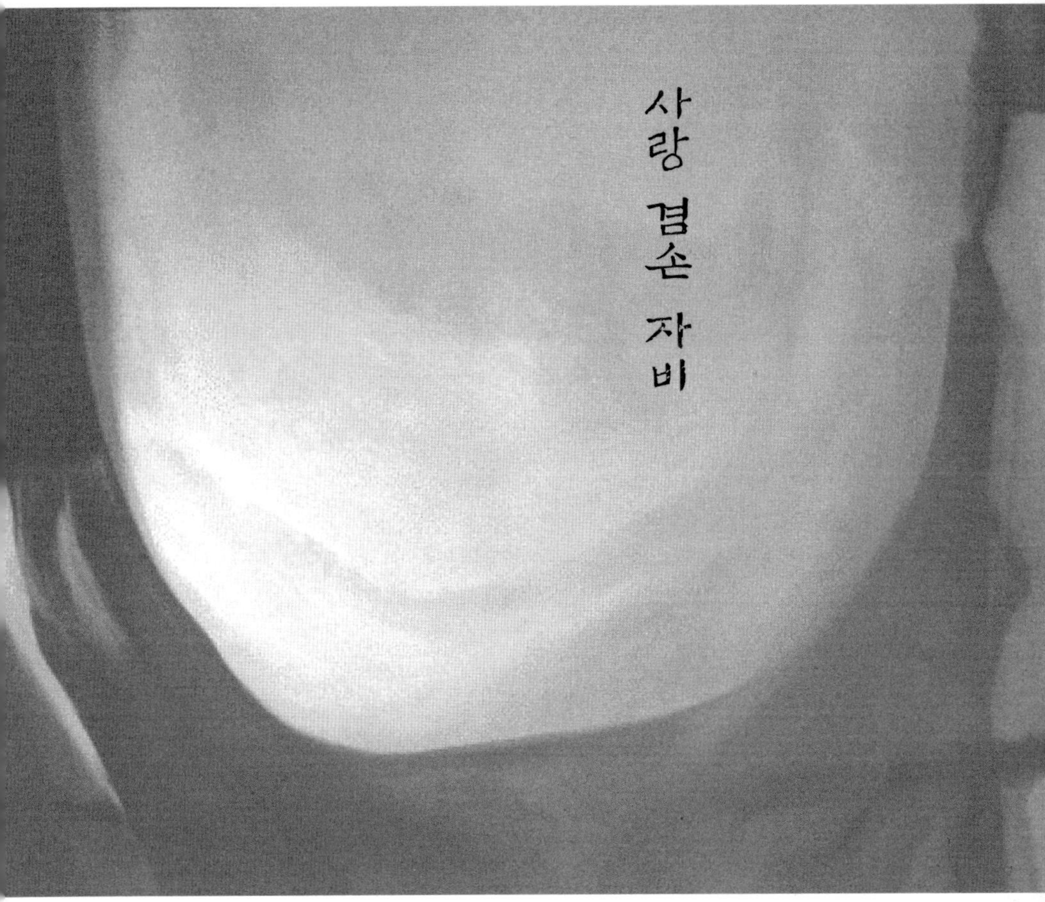
사랑 겸손 자비

거기에서
그것이 나옵니다.

　　무엇이
　　나온다는 거냐?

사랑입니다!

사랑이 없으면
죽은 거나
다름없습니다!

사랑이 없으면
있되 없기 때문입니다!

있다는 것이 무엇입니까?

생명이 있고 사랑이
있기 때문이 아니겠습니까?

사랑이 없으면
아무것도 아닙니다!

사랑이 없으면
누가 날 찾아오겠습니까?
주님께서
날 찾아 주시겠습니까?

사람에게는
사랑이
향기입니다!

향기 없으면
벌이 날라 들지 않듯이
성령이 나에게
머물지 않습니다!

성령 없는데
어찌 주님을
모실 수 있겠습니까?

사랑이 최고의 치료제

We will continue!

When you finish it
Come and see me!

네!
그러겠습니다!
감사합니다!

Be a server!
Not be served!

네 잘 알겠습니다!

사람을
살리는 일을
해 봐!

사람을 살리는 일을
꼭 의사만 하는 것은

아냐!

보통 사람들도
사람을 살리는 일을
할 수 있어!

어떻게요!

사랑으로서!

사랑이
침보다 더
효과가 있어!
더 강력해!

그 사랑은
하느님께서
내리시는 것이기
때문이야!

하느님께서
내리시는
사랑의 힘으로
안될 일이
있을 것 같아?

없지요!
없고말고요!

최고의 치료자가
사랑이야!

꼭 해봐!

네!
그리 하겠습니다!

길

사랑은 어디에나!

굽이굽이
무엇인지는 몰라도
있어요!

모든 사람들 안에
있어요!

세상 어디에 가도
사랑이란 건 있잖습니까?

사람 안에
있는 것이니까요!

사람 안에
하느님과 있으니까요!

침묵 속에
있으니까요!
하느님의 침묵 속에
있으니까요!

오늘이 나의 양력 생일이다.
어머님과 아버님은
나의 마음 속 굽이굽이에
당신의 사랑을 남기고 가셨지.

사랑이란
사람들 안에 있지만
오직 하느님과 함께 하는 이에게만
진정한 모습으로 그이 안에 있는 거야.
그리고 하느님의 침묵 속에도
진정한 모습으로 있는 거야.

사랑의 선물

그게
그냥
아무에게나
일어나는 일은
아니잖아?

하느님께서
허락하여 주시지 않으신다면
일어날 수 없는
일이지!

모든 것이
그렇지만
그 일은
특히 그래!

하느님께서
받아 주시고
사랑하여 주시지
않으신다면

도저히 일어날 수 없는
일이야!

하느님으로부터
내가 그러한 은총을
받고 있는 거야!

이것은
아무나 받을 수 있는 것이
아니야!

하느님께서
마련하여 주시기 때문에
받을 수 있는 거야!

하느님께서
주시는 은총의 선물인데
그것을 감사히 받아야지!

그러한 선물을
받을 수 있다는 것은
참으로 참으로
하느님의 은총이야!

감사하여라!
감사하여라!
감사하여라!

길 그것이 바로 이것이야

내가 부각시키는 것은
바로 이것이야!

절대 사랑이야!
이것이 근본이고
전부야!

그 이상도 없어!
그 이하도 없고!

바로 그것이야!

이게 없으면
어떻게 살아?
무엇 때문에 살고?

아무 의미 없어!
사는 의미 없어!

한번 깊이 깊이
생각해봐!

무엇 또 있는가?
없어!
없고말고!

이게 전부라고 했지!
바로 그것이야!

이것이 바로 그것이야!
그것이 바로 이것이야!

사랑

키스!
남녀간의 키스!

왜
이 키스 장면을
보여 주실까?

키스가
사랑의 징표라고!

사랑이
키스로 들어나는 거지!

그러나
이것은
육적肉的인 사랑이야!
영적靈的인 사랑이 아냐!

영적인 사랑은
이런 것이 아냐!

영적인 사랑은
무엇이라
표시할 수도 없어!

하느님을 볼 수 없듯이
사랑도
우리가 볼 수 없어!

사랑해 사랑해

자
잘 보세요!

이제부터
신비가
펼쳐질 것입니다!

무슨
신비요?

마음 안에
떠오르는
그 신비의 세계가
바로 신비가 아닙니까?

사랑해!
사랑해!
죽고 싶을 정도로
사랑해!

하느님을
사랑해!

네가
그것을
체험하고 있다는 것을
모르지!

주님의 사랑

무엇이
그리도 그리워
응?

지가
그리운 게
한두 가진가요?
많지요!

하지만
단 한 가지!

그것
있잖아요?

주님의
사랑입니다!

주님께서
베풀어 주시는

사랑 말입니다!

그것이면
모든 것을
덮습니다!

그보다
더 큰 축복
없기 때문입니다!

그러니
주님 사랑
베풀어 주소서!

우리 필로메나
살려주시고
붙들어 주십시오!

불쌍한 필로메나
꼭 살려 주십시오!

간절히 간절히
빌고 빌고 빕니다!

진정한 재주꾼

오늘
큰 모임이기 때문에
거시기가
온 다네요!

거시기라니
거시기가 무엇인가?

거시기는
불확실한 것
아니겠어유!

그러나
꼭 있는 것이겠지요!

중국 가봐!
중국 가서
답삽리에
가 봐!

됐나 봐!

그러면 됐나 봐!

그러면
재주꾼들의 모습을
보여줘야!

진정한 재주꾼들은
자기 재주가
자기로부터 나오는 것이 아니라
주님으로부터 나온다고 보는
사람들이야!

자기의 재주는
한정되어 있으니까!
이 한정된 재주를 가지고서는
하느님의 그 넓은 뜻을
헤아릴 수 없지!

그런 자에게는
안다는 것이 뻔해!
그러나 하느님으로부터의
재주는 쉽사리 얻어지는 것이
아니야!

이런 재주를 가지고
까불어대서는
안 되지!
그랬다가는

큰 코 다치지!

그러니
자기 재주는
내려놓아야 해!

그래야
진정한 재주
하느님의 재주를
받아들일 수 있지!

그게 뭐냐고, 사랑이야!

너는
이 생각을
버려!

왜?

네가
여기까지
왔기 때문이야?

그게
그리도
대단하다는 거야!

그것
별것 아냐!

다
버려!
아낌없이

버려!

너에게는
그것만 있으면 돼!
다른 것은
다 소용 없어!

그게
뭘까?
그게
뭐란 말이야?

사랑이야!

하느님께
나아가는 데는
그것뿐이야!

하느님께서는
나에게
값진 별의 별 것을 다 주셨고
물질적으로 영적으로 많은 것을 주셨지만,
내가 하느님께 드릴 수 있는 것은
오직 사랑뿐이야!
하느님께서 그것만을 바라시니까.

널 사랑하기 때문이다

보시다시피
아시다시피
저는
이렇게 못난 사람입니다!

그런 저에게
왜
이러시는 것입니까?

　　그것은
　　한 가지다!

　　너를
　　사랑하기 때문이다!

하느님!
하느님!
우리 하느님!

감사합니다!

감사합니다!

더
무엇을
바라겠습니까?

이게 축복(祝福)이다.
이게 은총(恩寵)이다.
이게 영광(榮光)이다.
이게 행복(幸福)이다.

이보다 더 큰 축복
이보다 더 큰 은총
이도다 더 큰 영광
이보다 더 큰 행복
또 어디 있겠는가?

네 할 바를 찾아 해라

너는
지금
무엇을
하고 있는 거냐?

진정
무엇을 하고 있는 거냐?

정신 차려라!
그래 가지고
네 할 바를
찾아라!

제가
할 바요?

사랑이지요!

사랑입니다!

그것밖에
남아 있지 않습니다!

그게
가장 소중한 것이다!

마음을 다하고
생각을 다하고
몸을 다해서
사랑을
실천하라!

누구에 사랑을?

너는
도대체
누구에게
사랑을 쏟느냐?

왜
그런지 아느냐?
무엇 때문인지
아느냐?

그것도 모르고!
한심한 놈!

그리고서
네가 사람이냐?

썩어빠진 놈!

뵈옵고
성가족이 되기 위한 게
아니냐?

무엇을 넣어 주시려고

네!

기억이
안 나요!

내가
무엇을 했는지
아무것도 몰라요!

하느님께서
왜
저를
이렇게 만드시는 지
모르겠어요!

딴 것은
다 버리고
하느님께서
넣어 주시는 것만
기억하라 하시는 것인가요?

하느님!
그러면 저에게
무엇을 넣어 주시려는 것입니까?

사랑이다!
하느님 사랑
이웃 사랑
이것이다!

이것을
간직하면
모든 것을
다 간직하는 것이야!

더는
다
잡것이야!

모든 것을
버리고
이것으로
바꿔 넣어야 해!

길 사랑과 겸손으로

하느님께서
나에게
이렇게
베풀어 주시는
은총
어찌 하오리까?

아냐!
네가
거두는 거야!

몸 둘 바를
모르겠습니다!

이제
제가
어찌하여야
하오리까?

사랑해!

사랑해!
사랑해!

이 것뿐입니까?

이것도
힘겨워!

그리고
그것으로
충분해!

네!
하느님 말씀
받들게요!

겸손해!
겸손은
사랑이 뿌리는
씨야!

그러면
훗날
더
거두게 되지!

하느님의 은총은
자신이 거두는 것이다.
자신이 뿌려서 가꾸어
거두는 것이다.

하느님의 은총은
공기와 같이
늘 거기에 있는 것이다.
그러나 자기가 숨 쉬어서
공기를 들여 마시지 않는다면
그 하느님의 은총 받아
살 수 없는 법이다.
하느님의 은총은
이와 같은 것이다.

농부가
밭을 일구어
씨 뿌리고 가꾸지 않으면
하느님의 그 은총의 햇빛 받아
살아 갈 수 없는 법이다.
그처럼 하느님의 은총은
자신이 씨 뿌려서 가꾸어
거두는 것이다.

적덕(積德)해야 은총이.
노력하는 이에게 보상으로 주시는 은총.
하느님의 사랑과 자비가 은총의 밑바탕.

사랑이 없으면
겸손은 싹트지 않아
생명 없어.

사랑이 없으면
겸손은 알맹이 없어
가짜야.

진정도 마찬가지야.
사랑이 없으면
진정은 생명 없어
그것도 가짜.

사랑뿐이야!

조심해!
조심하여야 하는데!

한 번 실수는
모든 것을
그르칠 수 있어!

그러면
어떻게
해야겠습니까?

하느님께
청해 봐!

하느님께
지혜를 주시라고!

잘 나가다가도
한 번 실수로
모든 것을 다
망칠 수 있으니까!

조심해야 해!

나의 방법은 안돼!
하느님의 방법이야 해!

사랑뿐이야!

사랑은
모든 것을
비워 주지!

모든 것을
버려 주지!

그리고
사랑은
모든 것을
채워 주지!

하느님을 생각하는 마음
그게 바로 사랑이야!

사랑만
가져봐!
그러면
하느님 꼭
뵐 수 있어!

사랑에 머물면

사랑에 머물면
하나 되어
구별이 없다.

사랑의 하나님 품 안에 들면
모두가 같아서
구별이 없고,
내 것 네 것이 없고,
시작도 끝도 없다.

하나님의 사랑과 함께 하면
좋고 나쁨도 없고,
상과 하도 없고,
좌도 우도 없고,
동도 서도 없고,
남과 북도 없고,
기쁨도 슬픔도 없고,
미움도 예쁨도 없고,
어제도 오늘도 내일도 없다.

사랑에 머물면
삶도 죽음도 없다.

사랑을 사랑으로 사랑스럽게

분명히
말했는데!

분명히
말했지!

네가
어찌 해야 하고
무엇을 해야 하고
왜 해야 하는 것을
분명히
말했는데!

네!
그게 무엇인지
다시 한 번
말해 주십시오!

사랑하기 때문에
사랑을
사랑으로

사랑스럽게
하는 거야!

이것이
평생
언제나
어데서나
실천해야 하는 거야!

왜 그런지
알아?

그게
바로
하느님 아버지께
나아가는
길이기 때문이야!

솔직히
이것을
알면서도
실천 못해 왔는데!

이번 기회에
시작해봐!
실천해봐!

이것이

으뜸이야!

이것을
꼭
실천해봐!

하느님은
언제나
도와 주시니까!
이끌어 주시니까!

기필코 실천해봐!

사랑을 쓸어 담다

사랑을
쓸어 담네

일은
끝났어

잘 해 보지 그래!
잘 해 보라구!

가장 값진 것이 사랑이다.
이 값진 사랑을 자기 안으로 쓸어 담는다.
그랬으니 일차적으로 할 일은
다 끝난 것이다.

그러나 그 쓸어 담은 사랑을
그냥 가지고만 있으면 무얼 해?
그런 사랑은 아무짝에도 쓸모없어.
그 사랑을 써 먹어야 해.
남에게 베풀어 써 먹어야 해.
그래야 그 사랑이 살아 있고 값이 드러나는 법이야.
그러니 사랑을 잘 써 보라구.

사랑의 선물

사랑의 선물이
무엇인지
알아?

하나 되는 거야!

첩첩이란
말
들어 봤어?

응!

첩첩
산중!

아무도
모르는
첩첩
산중!

그래도
꼭
갈게!

나는 아프리카에 간 것을
삼수갑산三水甲山 갔다고 한다.
첩첩 산중 삼수갑산 갔다고 한다.
외로운 곳에 갔다고 한다.
그런 곳에 가서 23년간 살며 일했다.
거기서 사랑의 선물 듬뿍 받았다.

사랑하는 사람을 위해서는

야!
이게
무슨 짓이냐?

사람을
살리는 짓입니다!

사랑하는 사람을
살리는 짓입니다!

사랑하는 사람을 위해서는
무슨 짓이던
하겠습니다!

야!
정말
네가 그러겠느냐?

네!
그러겠습니다!

됐다!
됐다!

네!
네!
네!
그러겠습니다!

나를
보려면
철저히
해야지!

진정한 사랑으로 갈려면

대사일번(大死一番)으로
자기를 버리지 않으면

진정한 사랑으로
나아갈 수 없다.

새로운 생명으로
태어날 수 없다.

'나를 따르려는 사람은
누구든지 자기를 버리고
매일 제 십자가를 지고
따라야 한다.'(루가 9,23)

이 성경 말씀이
진정한 사랑으로 나아가는 길을
제시하여 주고,
새로운 생명으로 태어날 수 있는 길을
알려 준다.

한없는 사랑 전해 받으면

무엇을
잔뜩 재어 놓고
가셨을까?

그게
무엇일까?

매우 궁금하네요!

그거?
한없는 사랑이야!
주님의 사랑!

그 사랑을
잔뜩 재어 놓고
가셨지!

그 사랑이
우리 각자에
전해지는 순간

우리는 생명 받는 거야!

그래가지고
살게 되는 거야!

그 사랑은
끝이 없는 사랑이야!

그러니
그런 사랑 받으면
우리도 끝이 없는 거야!
무궁무진한 사랑이니까!

하느님 품 안에 안겨
그 사랑 받으면
영원히 살 수 있어!

어찌하면 좋을까

술이요?

술을
좋아하신다고요?

포도주요?

주님의 피요?

주님의 계약의 피요?

사람이
점점 없어져!

포도주 마시려는
사람들이
점점 없어져요!

주님의 피의 잔을
마시려는 사람들이
점점 없어져요!

그대신
마약의 잔을 들려는
사람들은 많아지고!

이게 망조야!

올바른 정신을
못 차리고 있으니!
망할 수밖에!

이래서는
안 되는데!

어찌하려고
그러는지?

야단났어!
야단 났다구!

이렇게
세상은
썩어가고 있는데

어찌하면
좋아?

한심스러워!

겸손謙遜을 잃으면

너!
너는
가만히 있어!

떠들어 대지
말고!

무엇 때문에?

별것
아니야!

헛소리
말라는 게지!

하느님이
알려 주시는 것
외에는
아무것도
말하지 마!

말한다 해도
겸손되이
말해야 해!

떠들어 대지
말고!

겸손을
잃으면
모든 것을
잃는 거야!

겸손을 얻으면
모든 것을 얻는다.

Humility is self-emptying.
Fill in the space with God.
겸손은 자신을 비워
그 자리에 하느님을 모셔 들이는 행위다.

그러니 겸손을 얻으면
겸손이 비워준 그 자리에
하느님을 모셔 들이는 것이니
모든 것을 얻게 되는 것이다.

죄와 용서

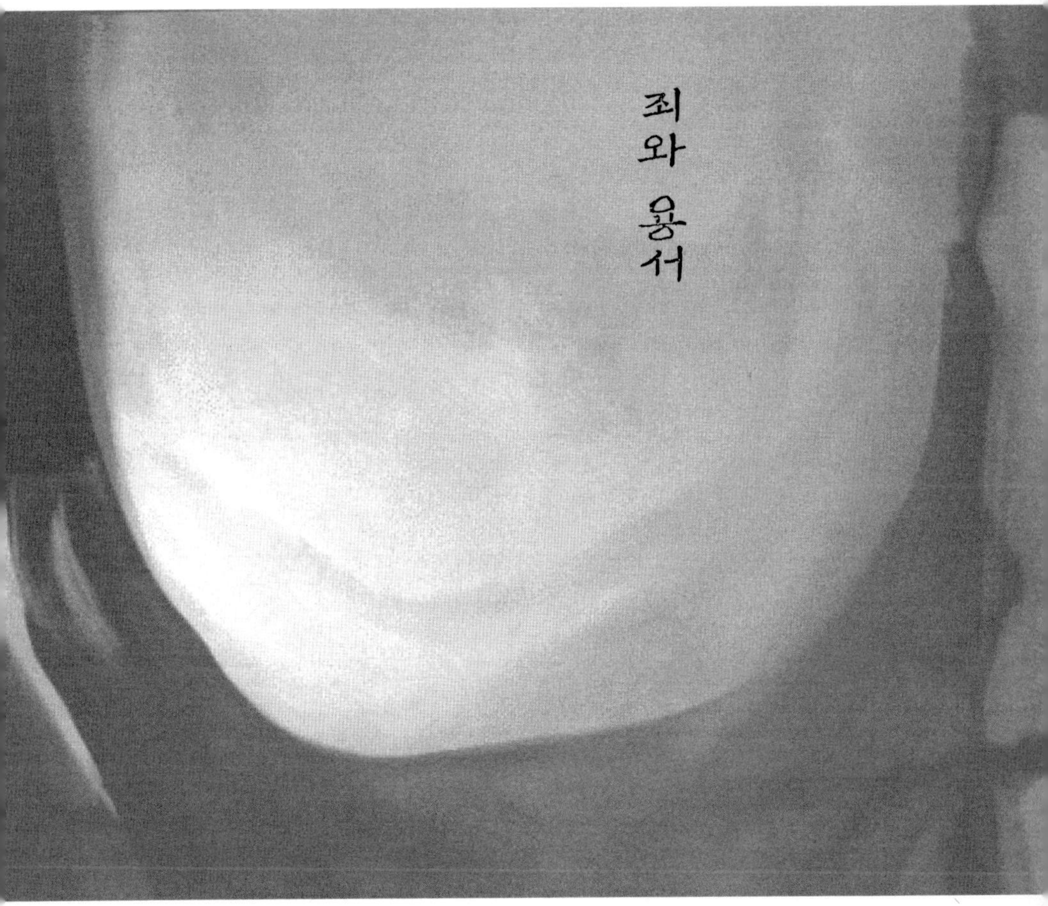

간계奸計에 끌리지 마

야!
그게 무엇이냐?
그 움직이는 것이
무엇이냐?

생김새가
거미와도 같은데!

뭇 먹어!
싫어!
싫어!

먹는 것은
아냐!

이것이 갖고 있는
이미지가
무엇일까?

간계하지마!
교활하지 말라는 거야!

다리를 폈다
오므렸다
할 수 있는 거야!

그래가지고
사람들을
끌어들이고
놀래키는 거야!

그런 것에
끌리지 마!

세상은
그런 것이
너무나도 허다해!
그런 것으로
유혹하는 것이지!

그러므로
신중에 신중을 더해야 해!

멋도 모르고
그런 것에
빠져들지
말아야 해!

그 대신
사람 노릇 할 일을

찾아서
해야 해!

사람 노릇 하는 데는
간계가
필요 없어!

그런 것으로는
안 돼!

진정하고
사랑으로 대해!

그것뿐이야!

이것을 잘
명심하여
일을
해 나가!

차근차근히
해 봐!

다시 말하지만
간계에
끌리지 말고!

네가 무슨 낯으로 나를 찾아?

사람
너는 무엇인가?

무엇 때문에
태어나서
이렇게 야단인고?

니가
뭐라고?
도대체
뭐라고?

네가
무언데!
무슨 낯으로
나를 찾아!

왜
이러십니까?
한 번만 용서하십시오!

예수 치명을
하루 앞두고
또 예수 부활을 3일 앞둔
오늘 예수 성만찬 목요일인 오늘에
내 발을 씻는 세족예에 나아가는 오늘에
이러한 깨달음을 받게 되었다.

예수님으로부터 이렇게
호된 꾸지람을
이러한 시기에 받게 되었으니,

정녕
무슨 까닭이 있으시다.
무엇일까?

우선
내 사람 노릇 잘못하고 있어서고
내 신앙인으로 마땅히 하여야 할 바를 소홀리 하고
살고 있으니
이와 같은 심한 꾸지람을
주시는 것이겠지!

나 자신을
한 번 다시 돌이켜 봐야지!
그리고 주님께 용서를 빌어야지!

누룩이 돼야 해

그래도
네가
이래서는 안 되지!

용서해!
다 용서해야 해!

하느님을
닮으려면
용서해야 해!

하느님과
함께 하려면
용서 해야 해!

하느님의
가족이 되려면
용서해야 해!

절대
용서할 수 없어요!

절대
용서할 수 없어요!

아냐!
이래서는
안돼!

이런 사람을
두어서는
다 썩어 버립니다!

아냐!
썩는 게 아냐!
발효되는 거야!

그래가지고
누룩이 되는 거야!

나쁜 누룩이 되지 말고
좋은 누룩이 돼라!

누룩 가운데는 반드시 나쁜 누룩만이 있는 게 아니다.
그 중에는 이롭게 변화시켜 주는 그런 누룩도 있다.
그래서 예수 그리스도께서는 다음과 같은 누룩의 비유를 들어 말씀하셨다.
'하느님의 나라를 이런 것에 비길 수가 있다.
어떤 여자가 누룩을 밀가루 서 말 속에 집어넣었다.
그랬더니 마침내 온 덩이가 부풀어 올랐다.
하느님의 나라는 이런 누룩과 같은 것이다.'(루가13:20-21;마태오13:33)

좋은 누룩은 사람들의 양식인 빵을 만드는 데 없어서는 안 되는 것이다.
이 누룩은 밀가루를 몇 배 더 부풀어 오르게 하고
그의 전분질을 바꿔 놓는다.
그래 가지고 보드랍고 먹기 좋고 소화가 잘 되고 영양가 있는
그런 형태로 바꿔 놓는다.
또 누룩은 전분질을 술로 바꿔 놓기도 한다.
다시 말해서 한 차원의 것에서 다른 차원의 것으로 변환시킨다.
이런 누룩 속에는 효모가 들어있는데
그 호모는 하느님의 섭리에 따라 생성되는 것이다.
이렇게 생성된 그 효모 속에는 하느님의 말씀이 들어 있어서
그 말씀대로 작용하여 밀가루를 부풀어 오르게 하고 전분질을 변환시킨다.
누룩 속에는 진리의 효모가 들어있어서
이 진리에 따르는 효모가 밀가루를 생명의 빵으로 변환시켜 준다.
하느님의 나라에 들려면 하느님의 말씀에 따라 변환 되어야 한다.
썩어야 한다. 희생되어야 한다.
그래가고 지금의 것을 다 버려야 한다.

이런 좋은 누룩이 되라.
좋은 누룩이 되어 자신을 좋은 방향으로 바꿔 놓고
사회를 좋은 방향으로 바꿔 놓아라.
이렇게 하여 다른 차원 높은 형태의 생명으로 연결되게끔 하라.
누룩 속에 있는 효모가 살아 있고 부풀게 하고 변환을 가져오듯이
좋은 누룩이 되어 자신을 살아 있게 하고
부풀게 하고 변환하게 하라.
그리고 이웃을 또 그렇게 하라.
그러면 하늘나라가---.

다 내 탓이요

맞아요!
모든 것이
다 내 탓이요,
내 탓이라고요!
그렇구말고요!
그래요!

그 마음
지우지 말라고!
꼭 지우지 말라고!
절대 지우지 말라고!

자신의 잘못 뉘우친 것을
절대 지우지 말라!
그것을 꼭 간직하고 실천으로 옮겨라.

행실行實

신랑이!

여기 왔던 사람이
쫓겨났단 말야!

신랑이
쫓겨났다니요?
어떻게요?
왜요?

잘못했으니까
그랬지!

신랑이
진실하지 못하고
성실하지 못하고
타락되어 있으면
쫓겨나게 마련이지!

그것
하나도

이상할 것 없어!

당연하지!

그러니까
행실을
잘 해야 해!

행실이 나쁘면
아무도
받아주지 않아!

아무리 잘 생겼고
아무리 학식이 있어도
행실이 나쁘면
아무도 받아주지 않아!

그런 꼴을
어떻게 보려고
받아줘?

안 되지!
안 되고말고!

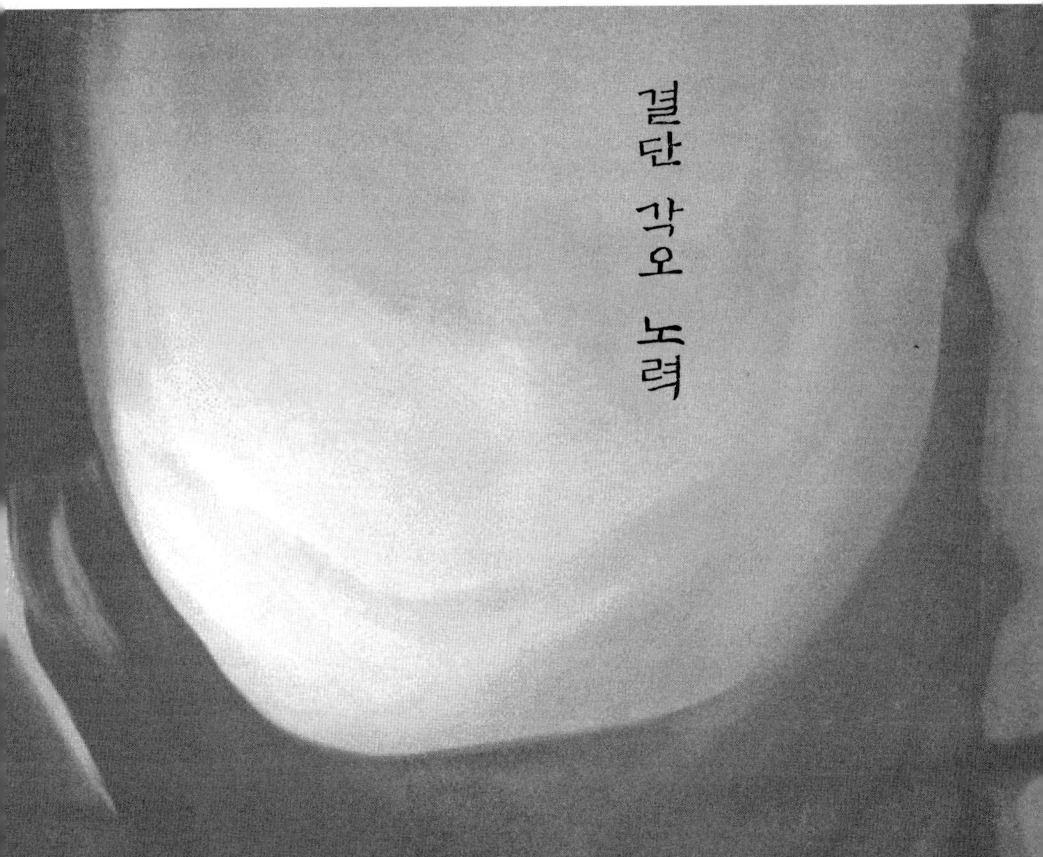

결단 각오 노력

나는 거기에 가고파

내가
거기에
가고파
가고파

나는
거기에
가고파
가고파

누가
뭐라고 해도
나는 갈 거야
갈 거야

반드시
갈 거야
거기에 갈 거야
반드시 갈 거야

그러면
됐어
그러면
됐어

갈 수 있으면
됐어
갈 수 있으면
됐어

될 수 있으면
됐어
될 수 있으면
됐어

꼭 갈 거야
꼭 갈 거야
꼭 될 거야
꼭 될 거야

하느님의 뜻을 위해 일해야

We are working for Thy Will.
하느님 뜻을 이루기 위하여
일을 합니다!

이럴 때
삶의 뜻이 있습니다!

자신의 뜻을 위한 삶은
죽음으로지만
하느님의 뜻을 위한 삶은
삶입니다!

살기 위해서는
자신의 뜻을 위해서 일하지 말고
하느님 뜻을 위하여 일하여야 합니다!

그래야 삽니다!

고통 받는 사람들을 위하여
일해야 합니다!

꼭 이루고야 말거야!

이제
다 된 것인가?

　　뭐라고?
　　디 됐다고?

　　방정 떨지 마!

　　뭐라고?
　　당치도 않은 소리 마!

하지만 꼭
이루고서야 말꺼야!

얼마나
애타게
기다렸는데!

끝이 보일 때까지

무엇을
하려는 거야?

어쩌면
그게
불가능할는지도
모르는 일이야!

왜
함부로
달라들어!

아냐!
끝이 보일 때까지
해 봐야 해!

해 봐야 말고!
해 봐야 해!
꼭 해 봐야 해!

끝까지

하는 거야!
끝이 보일 때까지
하는 거야!

꼭 뽑고 말걸!
어떻게 해서든지
뽑고 말걸!

그러면
주시겠지!
기회 주시겠지!

뚫어질 때까지

This is
the top priority
of all

이것이
모든 것의
가장 우선적인 것이다.

뚫어질 때까지
끝까지
해야 한다.

용단을 내려라

'무엇을 하려면
용단을 내려야 한다.'

가치 있는 일(하느님의 뜻에 걸 맞는)을 찾아
용단을 내린다.
불의의 일에 '아니요'라
용단을 내린다.
그런 다음
그를 달성하기 위하여
일왕불퇴(一往不退)의 정신으로 노력한다.
그 일의 목표 달성하는 것을
지상 목표로 삼는다.

결코 포기하지 말라!

이제 와서
왜 그래!

그게 될 일인가?

그게 무슨 짓인가?

그게 사람이
할 짓인가?

도저히
이해할 수 없어!

뵈어야 할 것
아닙니까?
꼭 뵈어야 할 것
아닙니까?

아니면
다 허사지오!

이로써 무엇을 나에게 알리는 것인가를
잘 알 수 없었다가
오늘(2009년 6월 1일) 아침 TV를 틀었더니 channel 33번에
'Never Give Up'의 저자 Joyce Meyer의
'Enjoy Every Day Life' 프로그램의 좌담 방송이 우연하게 나왔다.

그래서 위에 적은 새벽기도 중에 떠오른 것이
바로 'Never Give Up' '결코 포기하지 말라'고 타일르는 것이라 생각했다.

이 또한 우연한 일만은 아닌상 싶다.
성령의 인도하심임에 틀림 없다.

오랜 동안 신앙생활 해온 나에게
여하한 어려움에 직면한다고 해서,
또 역경에 처한다고 해서 좌절치 말고,
이제까지 추구해온 그 목표 달성을 위하여
포기해서는 안 된다.
결코 포기 할 수 없다.

하느님 뵙고자 하는 염원, 희망, 열정, 노력
결코 포기할 수 없다.
결코 포기치 않는다.

감수甘受하는 수밖에

고생들 하시네!

왠지 아세요?

그게
하느님 뜻이니까!

그러니
감수하는 수밖에!

아무것도
없니?
수치감(羞恥感)도
없니?

하느님을
뵈러 가는 길
이렇게
험한가!

이게
정말로
꼭
올바른 길인가?

길을
밝혀 주소서!
밝혀 주소서!

각오하고 온 사람이야

뭐?

네가 그래!

할 말 있으면
해봐!
이 멍청아!

각오하고
온 사람이여!

됐어!

어찌하여
사람으로서 이목구비를 하고
네가 그럴 수가 있나?

할 말 있으면
한번 해봐!
이 멍청이 같은 놈아!

네!
각오하고 왔습니다!
벌하여 주십시요!

아니!
됐어! 됐어!
용서하마! 용서하마!

꼼짝 못해

이게
너요
제발 좀
이러지 마요

나는
꼼짝 못해
누가 뭐라고 해도
꼼짝 못해
알았어?

누가
나를 험 잡아
무어라 해도,

나는
내가 결정한 일에 하느님 뵙겠다는 일,
내가 하고 있는 일에,
내가 갖고 있는 생각에,
부동심(不動心)을 지키리라.

9번 문門

참으로 어렵게
살더라구요!

　　9번 번호가
　　맞아요!

9번 번호라니
그게 무얼까?

　　그게 어려움에서
　　빠져 나가는 문이겠지

　　안 그래?

그럴 것 같은데
그게 뭘까?

한번
덤벼라!

와!

와봐!

항상
어려움은
따라 다니는 것
아냐?

그러니
그 어려움에서
빠져 나가는
문이 어디 있겠어?

어디 따로 있겠어?

여기도 있고
저기도 있고
오늘도 내일도
있는 것 아냐?

그러니
실은 9번 문은
어디나 있되
없는 거야!

그때 그때마다
그 문을 발견하고
통과해야 하는 거야!

알겠어?

네!

잘 알겠습니다!

감사합니다!

오늘 이상한 일이 일어났다.
이 글을 기도 중에 적었는데
아침 새벽에 컴퓨터에서 우연하게 내가 오래 전에 적어
Desktop에 저장한 글을 펼쳐 읽으니
그 내용이 다음과 같았다.

빅토르 위고 작 '제미제리불'에서의 주인공 장발장에
미리엘 주교가 한 말이 있다.

'여기는 내 집이 아니라 예수 그리스도의 집이요.
다만 그에 들어오는 사람에게
그 이름을 묻지 말고,
오직 그에게 고통이 있는가를 물어볼 뿐이요.'

9번 문은 어려움을 빠져 나가야 하는 고통의 문인가?

거기만 바라보고

누가
그런지도 모르고!

보라!
정말 보라!

너
거기만 바라보고
살아야 해!
볼 것 없어!

너!
그밖에는 없어!
바라볼 것 없어!

예수
탄생하셨도다!
예수
부활하셨도다!

네!

심장이 살았고
뛰는 한!

예! 예! 예!

이것은 필경
이런 뜻이 아니겠는가?
성령(聖靈)께서
나에게 타이르는 말씀이다.
오직 한 분
그밖에는 없다.

견뎌 내야 해

어렵지만
견뎌 내야 해!

이것이
하느님의
특별한 은사여!

어떻게요?

하느님께 매달려
간구해!

이 길밖에는 없어!

그러면
하느님께서
꼭 이끌어 주실 거야!

하느님께서
반드시
갚아 주실 거야!

그렇지만 해 보시소!

일만이천봉이라도
내 못 올라갈 수 없지
올라가고 또 올라가면 되겠지

그러나 내 거기는
얼씬도 못 하겠네

    그렇지만
    그래도
    해 보이소!

예!
무어라고요?

여기는
내 집이래요!

자기 집에만 머물러 있으면서
어떻게 일만이천봉을 올라갈 수가 있겠고
거기에 갈 수가 있겠는가? 안 되지! 얼씬도 못하지!
그러나 해 보소서! 해 보고 또 해 보소서!
그러면 안 될 리 없겠지!

그것이 뭘까

그것을
끝내고 나서야
무엇을 하든 하지!

그것을
끝내지 못하고
어찌 하려고?

그것이 뭘까?
끝내지 못한 것이
뭘까?

바로 그것이로구나!

무엇인가가
탁 친다!

바로 그것이다!

미명 속에

잠겨 있는
바로 그것이다!

편안한
마음 갖자!

무슨 일이
닥쳐도
편안한 마음
갖자!

땅이 무너지고
하늘이 깨져도
편안한 마음
갖자!

그것이
바로 이것이다!

그것을 잘 지켜야 해

저거는
시방도
완전히
그대로네!

변할 게
없으니께!

언제나
고대로지!

잘못했다가는
그것 뺏겨요!

그러니께
정신을 똑바로 차려!
그것을 잘 지켜야 해!

홀로만 정신 차려서도
안돼!

다 함께 정신 차려야 해!

당신네 집안은
머리가 있는 집안 아닌가베!

그러니께
잘 헤쳐나갈 거야!

완전히
닫지는 마!

계속 끌고 나가!
지칠 때까지!

지쳐서
넘어질 때까지!'

알겠어?

네!
잘 알겠습니다!

감사합니다!

그것이 도대체 무엇일까?
빼기지 않고 잘 지켜야 할 게 무엇일까?
정신 똑바로 차려 지켜야 할 게 무엇일까?
다 함께 정신 차려 지켜야 할 게 무엇일까?

우리 조상들의 혼이 담긴 오랫동안 전해 내려온
우리 고유의 정신 아니겠는가?

아니 하느님 사랑 정신
똑바로 지켜가야.
영원히 지켜가야.
지쳐서 넘어질 때까지 지켜 가야 하지 않겠는가?

더 열심히 해야지

정신 차려서
더 열심히 하여야 할 건데요

암요
그러고 말고요

이놈아!
어떻게 하는 거냐?
더 열심히 해야지!

아버지
도와주세요!

독배(毒杯)를 마실 수 있느냐?

독배(毒杯)란 무엇을 의미하는 것일까?
하느님께서 말씀하시는 그 독배, 무슨 뜻인가?

"제베데오의 두 아들과 그 어머니에게
예수님께서 '내가 마시려는 잔을 너희가 마실 수 있느냐?
하고 물으셨다.
그들이 '할 수 있습니다' 하고 대답하자 예수님께서 그들에게 말씀하셨다.
'너희는 내 잔을 마실 것이다."(마태 20,20-23)

나에게 닥쳐오는 어려운 일을 독배로 말씀하신 것이겠지.
이를 위하여 준비하고 있어야겠지.

실은 나의 외손녀 라나가 가슴에 참외만큼 큰 암덩이가 생겨
이를 치료하느라 방사선 치료와 약물치료를 받아야 했었다.
하느님의 은덕으로 이 아이의 암덩이가 없어졌다는 의사의 진단을 듣게 되었다.
감사하고 감사하도다.
이 아이가 그런 경황에서도 공부를 잘하여
중학교 졸업식 때 미국 대통령상을 받았다.

이르는 것을 실천해야

안 했으면
안 했을 것이다!

무엇을
안 했다는 것입니까?

이르는 것을
안 했다는 것이다!

그러니까
꼭 일러야 하고
그 이른 것은
꼭 실천해야 한다!

이르는 것을
꼭 실천해야지!

그러면 된다!
모든 것이 된다!

거기에 갈려면

입항(入港)할 때는
반드시
함께 와야 해

그렇지 않으면
좌초되는 법이야!

좋아!
얼마나 어려운지를 알아!
거기에 가기가!

어쩌려구?

알았어!

이러한 뜻이겠지.
거기에 가기가 어려워. 잘못 하다가는 좌초될 수도 있어.
그러니 조심조심하며 가야 해. 상책은 그분과 함께 가는 거야.
인도하여 주시는 그분과 함께 가도록 해. 알았어?
거기가 어딜까? 하느님이 계신 곳인가? 그러면 거기에 반드시 함께 가야 할 분이 누구실까?
예수 그리스도님이시겠지!
아니면 성령님이시겠지!

근본적인 변화를 가져야

You have got to make a fundamental change.
근본적인 변화를 가져야 한다.

근본적인 변화가 있어야 한다.
아집을 버리고 사랑과 진실로 가득 채워,
새로 나서 새 사람으로 거듭나야 한다.

변할 게 없다

야!
나
오늘날
이렇게
산다 해도

나는
변화가
없어!

변할 게
없어!

다
버려 버렸는데
무엇이
변해!

내 이름까지도
버렸는데

뭐!

심지어는
내 마음까지도
버렸으니까!

그리고
새 나가지 않게
다 닫아 버렸으니까!
꼭꼭 닫아 버렸으니까!

그러니
뭐
변할 게 없지!

변할
건더기가
없는데
무엇이
변해!

적당한 선에서 멈춰라

무엇
하나
여쭤 봐도 되겠습니까?

어찌 해서
이런 일이
일어납니까?

얘야!
정신 차려!

무슨 소리
하는 거야!

적당한
선에서
멈춰라!

아름다운
꽃들이
눈앞에!

긴히 알아야 할
'이런 일'이란 도대체 무엇일까?

'멈춰야 할 적당한 선'이란
또 무엇을 의미 하는 것인가?

어찌하여 눈앞에
아름다운 꽃이 펼쳐질까?

멈춰야 할 때 멈추는 용기와 결정을 내렸으니
아름다운 꽃으로 축하하여 주시는 것이 아니겠는가?

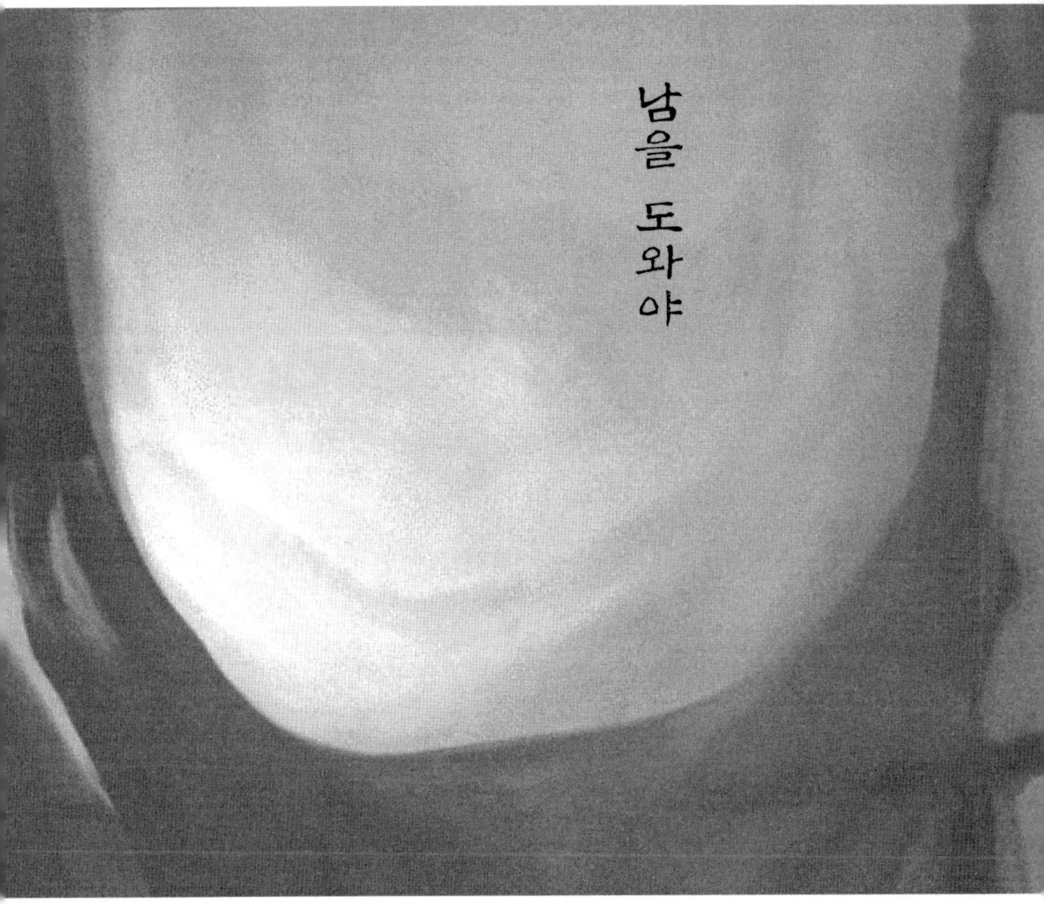
남을 도와야

남을 위한 것 찾아봐

응
맞아!

가득히 있는데!

뭘 찾아?

나를 위한 것
찾지 말고
남을 위한 것
찾아봐!

그게
하느님 뜻 아니어?

그러다 보면
하느님 뜻
좇게 되는 거야!

그러니
열심히 해봐!

갖은 것 없더라도
마음을 가지면
되는 거야!

해 봐!
해·보라고!

될 거야!

하느님께서
도와주실 거야!

나는 믿어!
꼭 도와주실 거라는 것을
나는 믿어!

힘들다고
포기하지 마!

단단한 마음 갖고
꾸준히 해봐!

알겠어?

네!
잘 알겠습니다!

감사합니다!

하느님 훈령

보라!
하느님께서 내리시는
상이다!

모든 이에게
베풀라!

이것이
하느님께서 너에게
내리시는 훈령이다!

이 하느님 훈령을
잘 지키도록
힘써라!

받았으면
그것을 사람들에게
베풀어
하느님께 그 영광을
되돌려야 한다!

주님!
그러겠습니다!
꼭 그리 하겠습니다!

주님!
지가 무엇을 하여
베풀어야 할까요?

> 네가
> 하고 싶은 일을 하라!
> 다만 그게 사람들에게
> 유익한 일을 하거라!

네!
알겠습니다!
지가 찾아서 하겠습니다!

곤경에 있는 사람들을 도와!

오셨어유?

아주 오셨어유?

정말로
오셨어유?

어째서
오셨어유?

무엇하러
오셨어유?

심판 없는 네가
헤매는 네가
허덕이는 네가
불쌍해서다!

그류!
그러면

큰 힘이
될 것 같은데유!

내가 하라는 일을
따라 할 수 있겠느냐?

그럼유!
하고 말고유!

각오가 되었느냐?

단단한 각오가
되었느냐?

어려운
곤경에 있는 사람들을 도와!

꼭
물질적으로가 아니라 마음으로!
기도로!

알겠어?

네!!!
네!!!
네!!!

도와줘!

마지막으로
보내줄 게 있는데!

마지막이라니요?
그게
무슨 말씀입니까?

그게
무엇입니까?

너의 에게
할 이야기가 있다!

도와줘!
도와주라고!

주님께서
분부하시는 일이라면
해야지요!

누군가를 위하여

누군가를 위하여
자신을 다 바쳐
희생한다는 것은
참으로 갸륵한 것이다.

예수 그리스도
성녀 데레사
성녀 마더 데레사
배문한 도미니꼬 신부님
이런 분들처럼

도움을 시작해요

도움을
시작해요!

어떡할 것 같어,
없으시다는데.

그윽하신
떡,
그래도
좋아.

한다고
하세요!

남을 돕는 일을 시작해요.
없다는데 무엇으로 돕는다는 거요?
거룩하신 성체 그것으로 족해요.
봉성체의 일을 하세요!

협력자를 구하라

매사
모두 잘 다스려라!

네 일만이 아니라
다른 이의 일도
잘 다스려라!

이것은
너의 삶에 부여된
의무다!

알겠느냐?

네!
잘 알겠습니다!

한치도
소홀이 말라!

한치의 잘못이
모두를 망가트릴 수 있기

때문이다!

그리 되면
시작하지 않은 것만
못하니라!

그러니
처음서부터 끝까지
조심하여
처리하거라!

그러기 위하여서는
사람을 모으거라!
진정한 사람들을
네 협력자로
삼아라!

그들의 협력 없이
일이 성사 되지 않는다!

그러니
꼭 협력을 구하거라!

하느님이
너의 가장 큰
협력자이심을
잊지 마라!

알겠습니다!

네!
잘 알겠습니다!

하느님을 알게 해야 해

그 사람들은
몰라!

무엇을
모른다는 것입니까?

하느님을
몰라!

하느님이
베푸시는 것이
무엇인지

어떻게 해서
생명이
있게 된지

몰라!

정말로
하느님을

몰라서
하느님을
따르지 않는 것이지!

하느님을
알기만 하면
하느님을
곧 따르게 마련이지!

그래서
먼저 해야 할 일은
하느님을
알게 하는 거야!

방법은
여럿이 있어!

그중에서
사랑이
으뜸이지!

그리고
하느님의
권능을
보여줘야 해!

이것을
모르고서는

하느님을
믿지 않아!

이런 것을
우리가
증거 해야 해!

내가 그 곁에 있어야 하는데

항상
이런 생각이 들어요!

내가
어찌 하여야 할까?

내가
있어야 하는데!
그 곁에
있어야 하는데!

그래야
내가 사람 노릇할 수
있을 텐데!
그렇게 하여주시라고
빌고 비는 수밖에 없지!

그려
그것뿐이여!

그렇게
해 주시라고
비는 수밖에 없어!

내가
할 수 있는 것은
이제
이것밖에 없네!

응답 꼭 주시겠지!

밥 해 먹는 까닭?

내가
밥 해 먹고
사는 것 말이야?

이것을 적고 나는 곧바로
집사람이 오랫동안 밥 해 먹이며 고생한 것을 생각하고
곤히 잠자는 집사람을 잠에서 깨워 기도하게 하고
나는 부엌에 가서
밥을 했고 계란을 쪘다.
그리고 미역국을 끓이려고 미역을 물에 담갔다.

오늘은 매우 추운 겨울날이다.
맨발로 이런 일을 했어도 춥지 않았다.
추위를 느끼지 않았다.
즐거움 때문이었다.

훨훨 날려라!

두 팔이 날개 되어
날려라!
박쥐 같이 날려라!
훨훨 날려라!

응?
날려라!
훨훨 날려라!

하늘 높이
날려라!
사해(四海)에
날려라!
훨훨 날려라!

나의 은사 성천星泉 류달영柳達永선생님께서
휘호로 이르신 말씀이 이것이다.
가교사해架橋四海 홍익인간弘益人間
네 바다에 다리 놓아 널리널리 사람을 돕자.

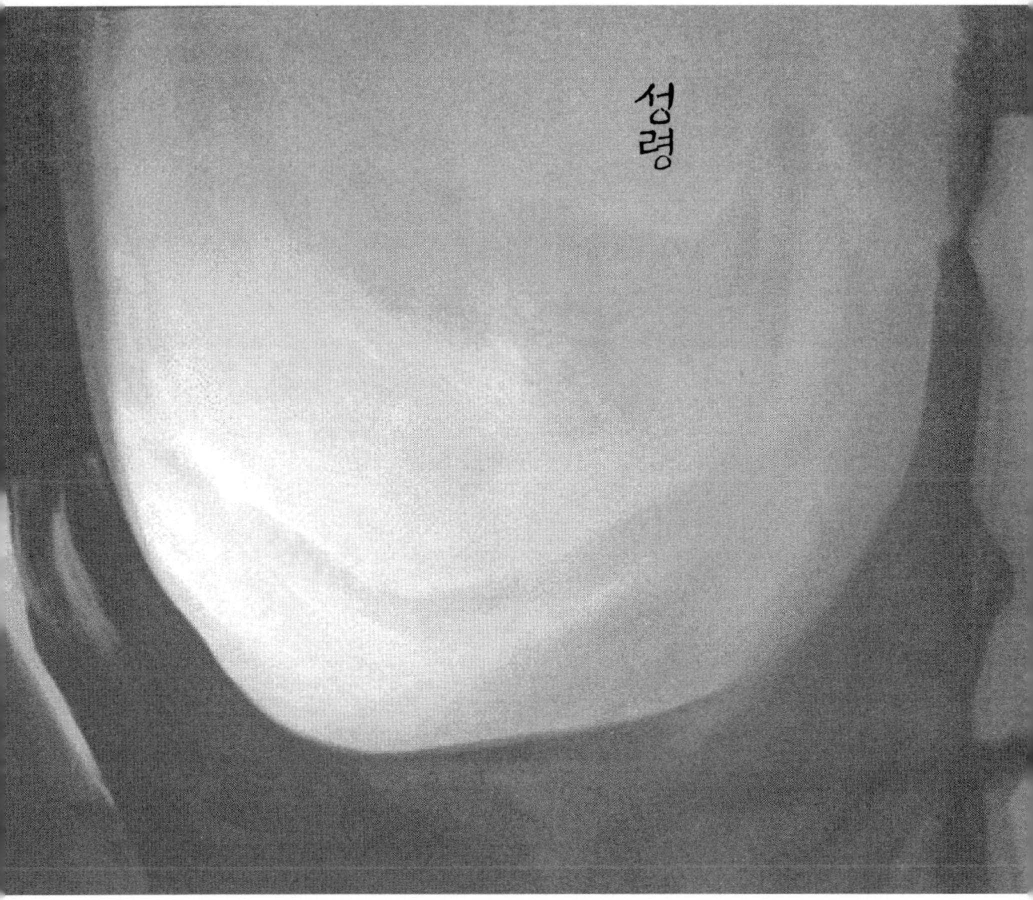
성령

좋으신 길 동무 성령님

거기서는
누구나 다
행복하단 말이야!

하느님과
함께 있는데
행복하지 않을 수 있어?

영원한데
행복하지 않을 수 없지!

그러니
거기에
가야 하지 않겠어?

그러니
열심히
하느님 믿고
하느님 말씀
충실히

받들어야 해!

이 길밖에는
없어!

그래서
그 길은
크고
험하고
어려운 게야!

이 길을
가다보면
좋으신 길 동무를
만나게 되지!
성령님이시야!

성령님이
이끌어 주시는 대로만
가!
그러면
꼭
거기에
갈 수 있어

통령通靈한다고?

네!
물론이지요!

하라 하시는 대로
하겠습니다!

하명하여 주십시오!

무엇이던지
하겠습니다!

말씀하십시오!

　　듣자 하니
　　네가 통령(通靈)한다고?
　　성령(聖靈)과 통한다고?

네!
그랬습니다!

성령님은
바람처럼
오셨다가
바람처럼
가시지만

설령님의
뜻을 압니다!

사랑하라는 것이지요!
사랑 말이요!

그리고
하느님 말씀 듣고
받들라는 것이지요!

이거유!
이거라구유!

됐슈?
됐냐구유?

그러기 위해서는
다 비우라는 거유!
그리고 사랑으로
채우라는 거유!

그러면
모든 게
저절로 된대유!

알겠어유?

이 길을 택해서 살라

You take regular rationale!

합당한 것이 아니고서는
안되지!

합당하다는 것은
사람들에게 합당한 게 아니라
하느님에게 합당한 거야 해!

나에게 합당한 것이 아니라
여러 사람들에게 합당한 거야 해!

그런 것이어야
이 세상을 건질 수가 있어!

개인적인 욕심 부리지 말고
사물을 바라보고
깨달아야 해!

이게 바로
하느님이 주시는 지혜야!

이런 지혜라면
실패 없어!
절대 실패 없어!

진정하면
어디에나 통하고
누구에게나 통하지!

그러므로
이 길을 택해서
살아!
이 길을 택해서 가!

이렇게 가다 보면
주님을 만나게 돼!

거기서
만나게 돼!

별의 별 세상 잡음이 들려도
이것만은
또렷이 들릴 거야!

반드시
들릴 거야!

성령을 통하여
들릴 거야!

그게 뭘까

I have something for you.
(너희에게 줄게 있다)
Most of people like this.
(대부분의 사람들이 좋아하는 것이다)

그게 뭘까?

하느님께서
주신다는 그것이
무엇일까?

그것은
나만이 아니라
대부분의 사람들에게도
유용하다고 하시네!

성령聖靈이시야!

'그게' 무엇인지 몰랐다가 2012년 11월 2일에 '그게' 바로 성령이심을 깨닫게 되었다. 감사하다.

그게 무엇일까

생각하다가도
마음 한 가닥에
나타나는 것

그것이
무엇일까?

잔잔한
소리로 들리고

잠깐 떠오르는
모습!

그것이
무엇일까?

아무리
따지고 따져봐도
보려고 보려고
애써 봐도

보이지 않는
그것이
무엇일까?

어려움에
허덕일 때
이끌어주고

갈 바 몰라
헤맬 때
인도하여 주고

나의 입을
열게 하여 주는
그것이
무엇일까?

내 안에서
모든 것을
다 토해내게 하는
그것이
무엇일까?

모든 것을
다 잊게 하는
그것이
무엇일까?

나를
참고 견디게 하는
그것이
무엇일까?

6월 달에 만나요!

'6월 달에
그러면 만나요!'

내가 죽는 날이 6월 달에 있다.

깊숙이 있는 것을 꺼내려면

물을 먼저 넣고
뽑아요

수도 물을 품어 올리려면
먼저 물을 집어넣고
펌프를 틀어 올려야 한다!

빈 파이프에
물을 먼저
집어넣어야 한다!

이러고서
펌프를 품어야 한다!

텅 비어 있는 데다가
물을 집어넣어 채워야 한다!

텅 비어 있는
내 속에다
물을 가득히 집어넣어
채워야 한다!

그러지 않고서는
저 속에 있는 것을
끄집어 낼 수가 없다!

물을 품어 내려면
물을 집어넣어야 한다!

그리고서
물을 품어 올려야
저 속의 물을
품어 올릴 수가 있다!

그처럼
내 저 속에 있는 것을
끄집어내려면
하느님의 매체가
들어가야 한다!

그리고서
품어야 한다!

그러면
저 속 깊숙이에서
깨끗하고 시원한 물이
품어 올려 나온다!

그 물로
자신도 살아가고

다른 이들도 살게 할 수 있다!

물이란 성령이시다.
내 속에 성령을 집어넣어 채워야
저 깊숙이 있는 것을 꺼낼 수가 있다.
성령은 하나님의 영(spirit)이다.
영이고 생명인 말씀으로 채워야 한다.
하나님의 매체는 성경말씀이다.

물려받은 것

너
물려받은 게 있지 않은가?

무엇을
물려받았다는 거야?

하느님으로부터
받은 것 있지 않아?

해봐!
야!
해보라니까!

하느님으로부터 물려받은 것, 그것이 무엇일까?
성령(聖靈)이시지. 그것이 하느님이 주신 가장 큰 선물이지.
물론 말씀이지. 그리고 말씀으로부터 나오는 빛. 빛에서 나오는 생명.
그렇게 하느님의 지극한 사랑 받고 있지.
이게 하느님으로부터의 가장 귀중한 선물이야!
그 귀중한 선물을 이웃을 위하여 써라!

그분을 꼭 찾아 주세요

교육 받으러 오신 것 같은데
저는 안 됩니다.

꼭 찾아 주세요!
그분을
꼭 찾아 주세요!
알겠어요?

교육 받으러 찾아간 그 분은
분명 성령이실 것이다.
그러나 그 분은 당신이 아니라
다른 그 분을 찾아가라 하신다.
그 분이 누구실가?
필경 주님이실 것이다.

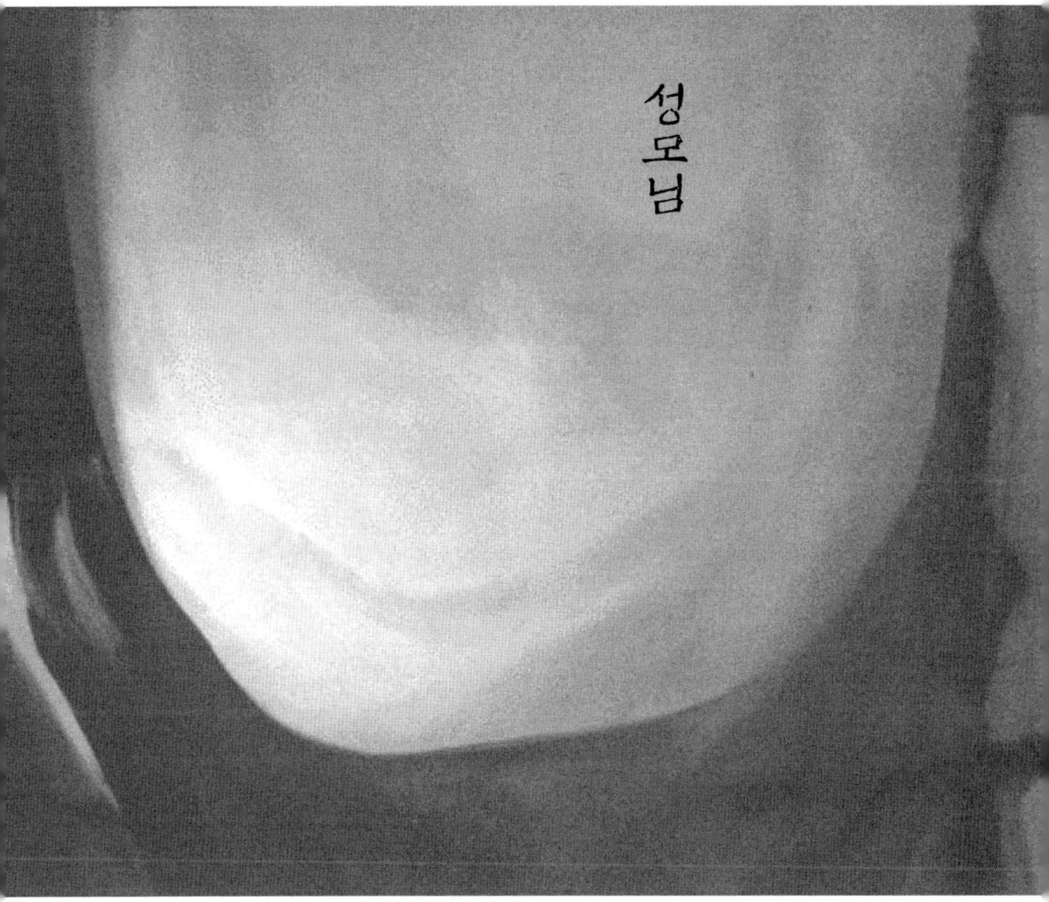
성모님

성모님의 사랑

It is interesting
You mentioned that
The lovely lady is for us!

어떠한 lady를 말하는 것인가?

The lady라고 하는 분은
성모님 밖에 더 있겠어?
성모님 말하는 거야!

성모님께서는
그러한 고통을 겪으셨어!
예수님과 함께
그러한 고통을 겪으셨어!

예수님의 고통이
우리 때문이었고
우리를 위해서였듯이
성모님의 고통도
우리 때문이었고
우리를 위해서였어!

그래서
예수님의 고통을 기억할 때
성모님의 고통도 함께
기억해야 해!

예수님의 사랑을 기억할 때
성모님의 사랑도 기억해야 해!

성모님께서 빌어 주셨으니

마리아께서
마리아께서

우리를 위하여
빌어 주셨으니

무엇이
더 필요하리오!

성모님! 성모님!
아시죠?
우리를 아시죠?

받았네! 받았네!
은총 받았네!

감사하여라!
감사하여라!
성모님!
감사하여라!

성모님을 뵙다

잠깐만!
잠깐만!
무엇인가
말씀하여 주시려고
하시는 것 같았어!

내 얘기가
그거야!
꼭 뵈어야 한다는 것이야!

은총 받았다고 해서
이상한 소리는 말아요!

정말
어디로 가는 거야?
어디로 가?

왜
이 고초를
몰라주나?
고초?

성모님을
뵈웠어요!
동양인의 모습으로 나타나셨어요!
입을 달막달막 하시며
무슨 말씀을 하시는데
알아들을 수가 없었어요!
하얀 웨딩드레스 같은
옷을 입고 계셨어요!

성모님의 선물

그냥
받으라고!

받으라고!

내 선물
받으라고!

감사합니다.
감사합니다.

어머니!
이게
무슨 선물이입니까?

받으라고!
얼른
받으라고!

어머니!
지가

어찌해야 합니까?

받으소서!
받으소서!

성모님께서 주시는 선물은 예수님 뵙도록 문을 열어주시는 것이다.
오늘이 우간다의 성인 Lwanga 성인과 21위 동료 성인의 기념 축일이다.
(모두 22위 성인이시다)
나는 Luwanga 성인과 21위 동료 성인의 성지에 순례 다녀왔다.
집사람도 다녀왔다.
이 또한 은총의 선물이 아니겠는가?
특별한 은총의 선물이다.
감사하여라! 감사하여라!

얘야 이리 오너라

모릅니다!
모른다고요!
정말 모릅니다!

어데서 왔다가
어디로 가는지
모릅니다!

　　　얘야!
　　　이리 오너라!
　　　이리 오라고!

이렇게
성모님께서
불러 주십니다!

구슬 세 개를 내 손에

어느 여인이 나타나서
나의 오른 손에 3개의 구슬을 쥐어 주셨다.

여러 사람들을 위하여 기도, 특히 암 투병하는 외손녀 '라나'를 위하여 기도 드렸다.
정좌하고 50개 성경 구절을 암송.
'너희는 나를 누구라 생각하느냐?'를 되풀이하고 기도하다 보면 무릎 위에 올려놓은 두 손이 무릎에서 떠올라온다. 그리고 바라보고 기도하던 십자가가 복제되어 나에게 가까이 다가온다.
무아점성침묵대월면형(無我点性沈默對越麵形)
방유용(方有龍)신부님의 영성을 마음에 떠올리고 있으면 무아경(無我境)에 든다.
이때 어느 여인이 나타나서 나의 오른 손에 3개의 구슬을 쥐어 주셨다.
필경 성모님이 아니시면 천사일 게다.
그 여인은 누구실까? 그리고 3개의 구슬이 무엇을 의미하는 것인가?
그 여인은 필경 성모님이 아니시겠는가? 그러면 성모님께서 나에게 주신 그 3개의 구슬은 무엇일까? 아마도 신망애信望愛 삼덕三德일 게다.

아직 걱정 없어요!

그래도
그렇게
화를 내서는 되는가요?

안 되지요!
왜 몰라!
몰라서는 안 되지!

아직 충분해요!
걱정 없어요!

성모님께서
숟가락으로
약을 먹여 주셨어요.

어제 치매든 임자에게 심하게 화풀이를 하고 몸이 좋지 않아 낮잠을 청해 잤다. 오늘 새벽에 일어나 집에서 기도 하면서 여러 사람들을 위해 기도하였을 때 연속 집사람의 건강이 걱정되어 심통하게 매달려 애원하며 기도 드렸다.
그리고 무아경(無我境)에 들었을 때 위와 같이 떠올라 적었다.
또 성모님의 발현을 보는 은총 받았다. 성모님께서는 앉으셔서 집사람에게 숟가락으로 약을 먹여 주시는 모습을 보았다. 성모님은 필리핀 여인 같아 보였고, 화려한 모습이 아니라 가난한 여인 모습을 하고 계셨다.

뺑 돌아가며 꽃인데!

뺑 돌아가며 꽃인데
왜 내가
꽃 속에 있지 않다는 건가?

나는
그것을 클레멘트 가든으로
만들고 싶어!

엄마
그래도 돼?

그렇게 해 줘!
꼭
그렇게 해 줘!

성모님! 저희들은 꽃 속에서 살아가면서도
꽃 속에서 살아간다는 사실을 모르고 살아가요.
저는 우리가 진정 꽃 속에서 살고 있다는 것을 실감할 수 있는
그러한 가든을 만들고 싶어요!
그리고 그 가든 이름을 클레멘트(자비의) 가든이라 하고 싶어요!
성모님! 그렇게 해 주세요! 꼭 그렇게 해 주세요!
그래도 되는 거지요?

기별이라도 하고 오지!

성모님!
문 열어 주세요!

기별이라도
하고 오지 그랬어!

어째서
이제서 왔어!

여하튼
잘 왔어!

빨리 와!

'성모님 문 열어주세요'라 기도하기 20년 뒤
성모님께서 나를 이렇게 환영하며 맞이하여 주셨다.
합장하고 기도하였을 때 이전보다 더 쉽게 합장한 두 손이 떨어졌다.
왜나하면 성모님께서 내 앞에 계시면서 위와 같이 말씀하시는 것 같이 느껴졌기 때문이다. 오는 금요일(2009년 5월 8일) '성모의 밤'의 날이요 '어버이의 날'이다.

잡는 것과 잡히는 것

아무것도
말하지 마!

아무것도
말하지 말라니까?

그런 것이
진리가 아니야!

바리사이는
죽었는데
왜 바리사이를
살리려고 해!

잡는 것과
잡히는 것이
똑같아!
다를 게 없어!

동양 여인의 모습이
갑자기 나타난 것이야!

그런데
그분이 눈을 움직이고
머리를 돌리며 움직이는 것이야!

이명(耳鳴)이 울렸어!

'잡는 것과 잡히는 것이 똑같다.'
진리세계에서는 능동과 피동이 같다.
불이不二다.

행복한 삶

따뜻하고
깨끗하고
맑은 마음
간직하고 살면

복이
와!

주님!
이러한 마음
지니고
살도록
이끌어 주소서!

이러한 마음
지니고 산다면
얼마나 좋겠습니까?

이끌어 주소서!
이끌어 주소서!

이끌어 주소서!

나는 아무 것도 아니라는
겸손한 마음
어린이와 같은 마음
지니고 살도록
이끌어 주소서!

이러한 마음 지니고
사는 게
행복한 삶 아니야?

하느님께서
바라시는 마음이니
안 그래?

이게
성모님 마음 아니어요?

성모님!
이러한 마음 갖도록
도와주세요!
도와주세요!

부르실 거야!

너무나 늦었지만
네가 나올 시기가 된 것 같다!
나와야지!

무엇인가로도
나와야 하는데!

하느님께서
부르실 거야!
기다려!

하느님께서
계획을 갖고 계시니까
기다려!

하느님께서
꼭 이루어주실 거야!

말씀하시는
성모님의 모습이!

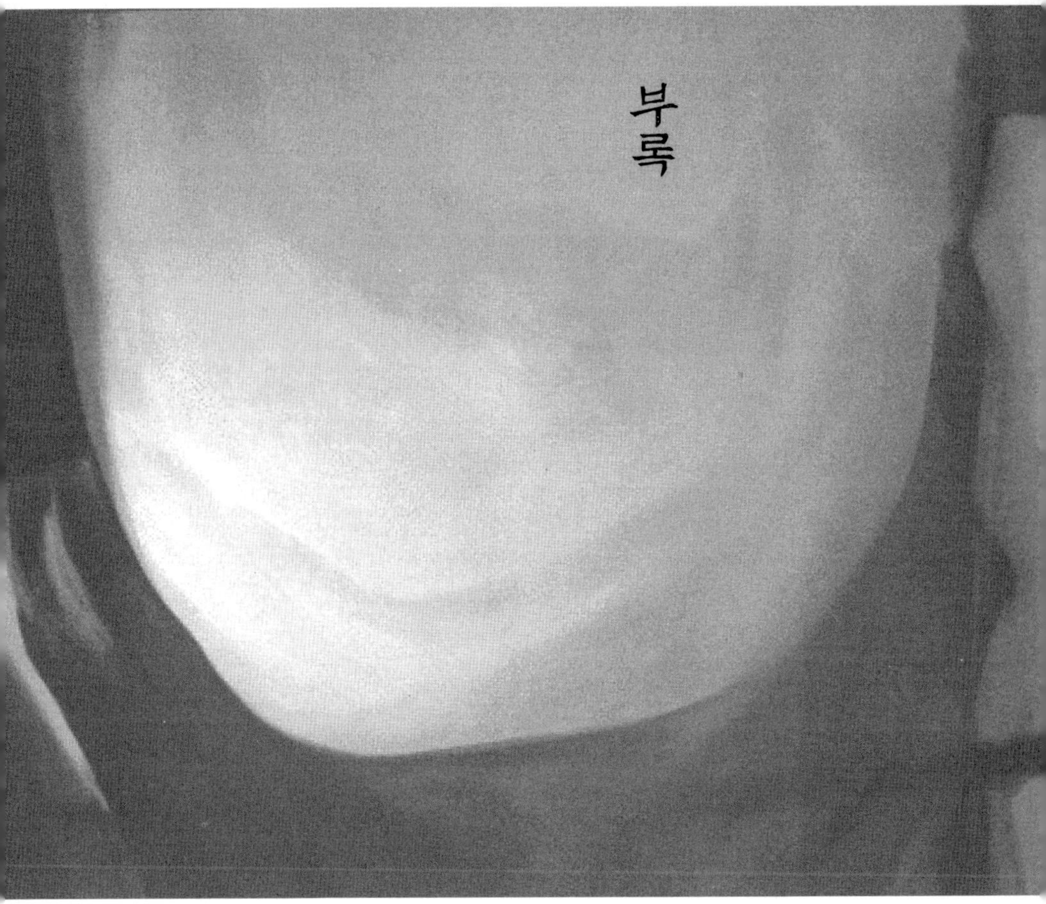

부록

나의 나

내 안에 있는 나를 마음이라고 한다면
나의 나는 나의 진정한 마음이다.
찌들지 않는 마음이다.
때 묻지 않은 마음이다.
섞이지 않은 마음이다.

즉심즉불(卽心卽佛)이라 했다.
내 안에 가만히 앉아 있는 부처가 내 마음이다.
도가는 나의 나의 마음을 무위(無爲)라 했다.

내 마음 속에 사랑이 들어 있다면
내 사랑 속에 도가의 무위(無爲)가 들어 있고
유가의 인의(仁義)가 들어 있고
불가의 법신(法身)이 들어 있다.
기독교의 하느님이 들어 있다.

나는 나이지리아에서 살면서
성가실 정도로 몇 달을 두고 연신 자동차의 거울을 쪼아대는 새를 보고
그 새는 거울 속의 진짜 자기를 찾기 위여 애를 쓰는 것이라 생각했다.
그래서 거울 속에 또 다른 거울을 집어넣고 나의 몸은 밖에 두어둔 채
마음을 거울 속으로 집어넣고 또 그 속에 넣은 거울 속으로 연속 집어넣어 거르고 또 걸러 잡다한 것을 내버리고, 순수한 마음만 걸러

내어,
밖에 둔 나의 몸에 다시 집어넣어 순수한 나로 만드는 그런 명상을 하기도 하였다. 나의 마음 안에 있는 혼탁한 것을 걸러 내버리고 진정한 나의 나로 만들기 위해서였다.

영혼 깊은 곳에 하느님을 만나려면 자기 자신(몸)을 포함해 모든 것(혼탁한 마음)을 밖에 두어야 한다.
('토마스 머튼의 영적 일기' 오지영 옮김)

무명無明

우리가 일상 자신(自身)이라고 생각하고 있는 것은
실은 자신이라고 하는 이름을 한 타인(他人)이다.
무명(無明)이란 그러한 타인을 자신이라 생각하는 어리석음이다.

진정한 자신은 대체로 현상계에 그 모습을 보이지 않는다.
진리는 형(形)을 갖지 않기 때문이다.

가짜의 자신을 자신이라 생각하는 어리석음 그것이 무명이다.
자신이 가짜의 자신이라는 것을 모르는 어리석음이 무명이다.
자신이 진정한 자신이 아니라는 것을 모르는 어리석음이 무명이다.
자신이 자신을 모른다는 것을 모르는 어리석음이 무명이다.

자신이 진정한 자신을 모른다면 어리석다.
그러면 그 자신에게는 밝은 해가 떠도 어둡다. 무명(無明)하다.

그러므로 자신은 눈이 있어도 자신의 진정한 모습을 보지 못한다.

우리는 이렇게 무명에 취해 있다.

그리스도인은 주님의 말씀을 통하여 빛을 받아
진정한 자신의 모습을 보게 된다.
그러면 사랑을 알게 되고 또 사랑하게 되어
그 사랑을 통하여 생명을 받게 된다.

자신이라고 하는 이름을 한 타인을
자신이라 생각하여 왔던 그런 어리석은 나가
"나는 나가 아니다"라고 깨쳤으니 나는 어리석음을 면하였구나.
내가 내가 아니라는 것을 모르는 어리석음에서 벗어났으니
나는 무명에서 깨어났구나.

나

하느님께서 나의 몸을 당신의 모상대로 만드셨고
살아있는 당신의 성전으로 만드셨으니
우리는 이 몸을 내 몸 또는 네 몸이라고 하나
실은 우리 것이 아니라 하느님의 몸이다.
당신의 법칙에 따라 당신의 모습대로 만들어 진 몸이다.
그러므로 우리는 우리대로가 아니라
당신의 방식대로 당신의 법칙에 따라
당신의 말씀대로 당신이 이끄는 대로 움직이는 몸이다.

당신이 나의 힘이요, 나의 영혼의 지혜요 순수함이다.

내가 거울에 나를 비쳐보면
눈이 있고, 코가 있고, 입이 있고, 귀가 있는
나대로의 고유한 모습을 하고 있음을 본다.
그러나 나는 나 자신을 전연 보지 못한다.
내가 보는 것은 나의 몸일 뿐이다.
정작 나는 볼 수가 없다.

나는 존재하고 있다.
그러나 나의 존재는
몸에 달려 있는 것이 아니라 나에 달려 있다.
나는 나의 나의 조정함에 달려 있다.
나의 몸은 그 자체에 의식이 없다.
나의 나가 없기 때문이다.
또 자신이 스스로 행동하지 못한다.
사유(思惟)하는 심(心)이 있는 주체는 나의 나(自我)이고(데카르트)
실존(實存)의 출발점도 나의 나다(키에르케고르).
또 참의 진리에 이르는 것도 나의 나다(데카르트).

나의 몸은 그 안에 나의 나를 담고 다니는 것에 불과하다.
나의 안에 성령이 있으며
전지전능하신 이의 숨결이 나에게 생명으로 계신다.

내 안에 계시는 하느님이 내 몸의 모든 기관을
당신의 말씀으로 작용케 하신다.
하느님의 활동이 나의 몸의 여러 기관의 기능을 좌우한다.

나의 몸은 나의 나에게 반응하고 나의 나는 하느님에게 반응한다.
보이지 않는 성령이 나의 여러 기관이 작용할 수 있게 하고
나를 영원으로 유지하고 지속시킨다.

그러므로 내 안에 살아계시는 하느님께서 주시는 계명을 내가 지켜
하느님께서 지시하신 대로만 걸어 간다면
하느님께서 약속하신 대로
하느님의 사랑과 진리가 나와 함께 하여
하느님의 성스러운 백성이 될 것이다.(신명기 28,9; 시편 25,10)

앎의 여정旅程

사람의 후천적 앎은 배워서 알게 되는 것이다.
배움은 이 세상에서 또 자연 속에서 살아가면서
실제적으로 문제에 부닥뜨려
그것을 하나하나 풀어가면서 경험으로 익혀
체험적으로 체득하게 되는 것이다.

토마가 "나는 내 눈으로 그 분의 손에 있는 못자국을 보고
내 손가락을 그 못자국에 넣어 보고 내 손을 그분의 옆구리에 넣어
보지 않고는 결코 믿지 못하겠소" 하자
예수께서는 "네 손가락으로 내 손을 만져 보아라.
또 네 손을 내 옆구리에 넣어 보아라.
그리고 의심을 버리고 믿어라" 하셨고
또 토마에게 이렇게 말씀하셨다.

"너는 나를 보고야 믿느냐?
나를 보지 않고도 믿는 사람은 행복하다" (요한 20,25-29)

이 말씀은 예수 부활에 대한 토마의 의문을 기록한 성서 구절이다. 의문을 던지고 그 의문된 것을 직접 시험하여 확인하지 않고서는 믿지 못 하겠다는 토마의 고백이다.
그런데 예수께서는 토마에게 그것을 직접 시험하여 확인해 보라 이르셨다.
'토마야, 네가 의문을 갖고 있으니 직접 시험하여 보아라. 그리고 그 의문에 대한 확증을 갖고 확실히 믿어라' 하신 것이다.
그러나 '보지 않고 믿는 사람은 행복하다'고 덧붙여 말씀하셨다.

그런데 배움은 질문으로부터 시작된다.
배움은 질문의 체 바퀴를 연속 돌면서
평생 그에 대한 답을 찾아가며
하나하나 스스로 배워 쌓아 나가야 한다.
나는 어데서 왔나? 나는 누구인가?
나는 무엇 때문에 여기 있나?
나는 어디로 갈 것인가? 하는 것 등의 질문을
꾸준히 던져 가며 그에 대한 해답을 구함으로써 배우게 되는 것이다.
그러므로 알기위한 도약적 사고는 답에 있는 게 아니라 질문에 있다.
그리고 그 질문을 어떻게 묻는가에 있다.

아이들은 질문하기를 좋아한다.
하지만 질문단계는 과정의 일부이지 그 자체로 끝나는 것은 아닌데
아이들은 흔히 질문으로 끝나 버리고 만다.
그들은 질문하고 그에 대한 답을 성큼 받아들이기 때문이다.

어른들도 아이들과 같이 그러는 이가 많다.
그러면 배움은 그것으로 끝장이 나고 만다.

그러므로 우리는 계속 의문을 갖고 그에 대한 답을 생각해 내야 한다.
이 과정에서 명상이 우리의 다음 수순인 아이디어 도출로 유도한다.
이 아이디어 단계에 이르면 실험을 해 보고 싶고
개발해보고 싶은 충동이 일어난다.
그러나 여기에서도 위험이 따른다.
그 위험은 더 이상의 질문을 갖지 않고
그냥 그 아이디어를 사실로 받아들이고 마는 것이다.
더 위험한 것은 어느 사람의 아이디어를 배웠을 때
다른 견해의 가능성을 배제하고
그냥 그것을 하나의 사실로 받아들이는 것이다.

다음 순서는 떠오르는 아이디어를 직접 실험하는 것이다.
여기서 아이디어를 실험함에 있어 흔히 실패도 따르기 때문에
인내와 용기를 갖고 꾸준히 하여 나아가야 한다.

생각하는 과정에서 우리는 종종 돌이켜보기도 하는 데
이때 전 과정을 망라하여 다시 다 돌이켜보는 경우도 있다.
그러나 지나치게 돌이켜보면 거기서 헤어나지 못하는 수가 있다.
그리고 우리의 아이디어를 다시 돌이켜 보는 것으로 만족하면
배움의 여정은 그것으로 끝이 나 버리고 만다.
그러나 발전적이고 진취적인 배움은
우리가 세상을 보고 있는 그 관점과 방법을 자꾸 개선하여 가면서
다시 새로운 것에 도전하여 새 것을 찾아
우리의 앎에 더 추가하고 또 추가하여 가야 하는 것이다.

이렇게 배움은 의문과 발견의 윤회를
끝없이 되풀이 하여 나아가는 것이다.
이때 우리는 우리 자신의 앎의 여정을
스스로 담당하여 스스로 책임져 나가야 한다.
우리는 우리 안에서 가능성을 발견하여 그것을 현실화 하고
다시 새 가능성을 계속 찾아 나가야 하는 것이다.

발견의 윤회의 단계를 다음과 같이 네 단계로 나누어 보았다.
낮은 단계로부터 시작하여 높은 단계로 열거하였다.

단계 1. 모른다는 것을 모른다(You do not know you do not know).
이것은 발견의 가장 낮은 단계이다.
하느님을 모른다는 것을 모른다. 무지몽매한 단계이다. 제 자신이 믿고 있는 것이 전부이고 사실이라는 것 외에는 아무것도 모른다.
자신 안에 숨어 있는 가능성을 보지 못한다.
그런 이에게는 아무런 가능성이 없다.
이것이 무명(無明)의 단계다.

단계 2. 모른다는 것을 안다 (You know you do not know).
이것은 자기 자신을 움직이게 할 수 있는 자극의 단계이다.
이 단계에 이른 이는 하느님을 모른다는 것을 안다.
바로 철이 드는 가능성의 단계이다.
자기 부족, 자기의 미미한 존재, 자기 패배를 인정하는 단계이다.

단계 3. 안다는 것을 안다 (You know you know)

이것은 보고서야 믿는 단계이다.
토마의 믿음의 단계이다.
하느님을 안다는 것을 안다. 그러나
이 단계에서 위험한 것은 그냥 스쳐 보내 버리던지
아니면 믿지 않고 지나쳐 버리게 되는 것이다.
자만과 위장의 껍데기를 쓸 수 있다.
건성으로 알고 믿고 있다.
꼭이나 배우가 그의 배역의 대사는 외우고 있으나
그가 맡은 배역의 대사 속으로 뛰어 들어가
그 주인공이 되지 못하는 것에 비긴다.

단계 4. 안다는 것을 모른다 (You do not know you know)
높은 단계의 앎은 안다는 것을 모르는 단계의 앎이다.
하느님을 안다는 것을 인식하지 않으면서 실은 잘 알고 있음이다.
보지 않고서 믿는 단계이다.
신심일여(身心一如)의 믿음의 단계이다.
자연적 믿음의 단계이다.
여기에서는 배우가 열심히 연습을 통하여 그가 맡은 배역의 주인공으로 완전히 되어 버린다. 그래서 그 배우는 그가 맡은 배역의 대사를 인식하지 않고서도 잘 연출해 내는 그런 단계에까지 이른다.
왜냐하면 그는 그가 맡은 배역의 인물로 완전히 되어 버렸기 때문이다. 여기에서 배역의 대사는 하느님의 말씀이다.
하느님이 내리시는 그 배역의 대사 속으로 들어가 완전히 뜻과 말과 행동이, 즉 의언행(意言行)이 일치한다.
아이들이 걷는 것을 배운 다음에는 그 과정을 생각해 볼 필요가 없이 자연스럽게 되는 이치와 같다.

우리는 서로한테서 배운다.
이 세상에서의 배움에 있어서는 서로가 선생이고
서로가 학생이다.
우리는 자연한테서도 배운다.
그러나 자연은 우리의 선생이 될 수는 있지만
우리는 자연의 선생이 될 수는 없다.
자연은 우리의 침묵의 영원한 선생이다.
무한한 진리의 보고를 갖고 있는 선생이다.

나는 나무야

나는 나무야.
불을 붙이면
활활 탈 수 있는
'수(잠재력)'를 갖고 있는 나무야.
연기는 바람에 날리고
재는 땅 위에 뿌리고
내 몸을 뜨겁게 불을 달구어
밝은 빛으로 바꿀 수 있는
그런 힘을 갖고 있는 나무야.
그러나 홀로는 잘 탈 수 없어.
여럿이 함께 있어야 해.

활활 타서 연기는 버리고
붉은 불, 밝은 빛, 뜨거운 열을
발할 수 있는 잠재력이
바로 성령이시야.

불을 붙여 주시는 분이
주님이시지.

주님이 불을 붙여 주시면
내 안에 계시는 성령께서는
나를 태워 불을 내어
빛과 뜨거움을 발하시고
연기는 날려버려 주시지.
그리고 남는 것은 재뿐이야.

I am Firewood

I am firewood
That has potential
To burst into huge flames
When ignited by a spark.
I am firewood
That can emit bright light
By creating its body heat with fire,
Smoke is blown away by the wind and
Only leaves the ashes in the earth behind.

I cannot burst alone.
There must be kindling combined.

The potential is the Spirit
That can produce
A blazingly, bright light, and heat,
Emptying smoke
While burning with huge flames.

The one who sets fire
Is the Lord.

When the Lord sets fire
The Spirit within me ignites my body
Producing flames with
Light and heat
But smoke is blown away by the wind.
Ashes are all that remains.

나를 만나는 여정旅程

자기가 자기를 만나는 여정은
자기가 자기를 알아
자기가 자기로 되어
여기 현재에서 자기를 만나는 여정이다.

자기가 자기를 만나는 여정은
자기가 자기를 알아
자기가 자기로 되어
'나는 바로 나다' 하신 주님을 만나 알아 뵙는 여정이다.

자기가 자기를 만나는 여정은
자기가 자기를 알아
자기가 자기로 되어
진정을 만나 진정과 더불어 사랑과 함께 하는 여정이다.

진정한 자아 발견

인간에게 있어
최고의 과제는
동서 고금을 통하여 다를 바가 없다.

그것은 **진정한 나**의 발견이다.
(류달영, 인생의 열쇠 꾸러미)

진정한 나의 발견은 바로 하느님 발견이다.
그러므로 진정한 자기 발견은 곧
자신 안에 계시는 하느님 발견이다.
(If I find Him, I will find myself,
and if I find my true self,
I will find Him.)

(Merton, New Seeds of Contemplation)

우리의 최대 비극은 무엇인가?
그것은 한 마디로 "**자아의 상실**" 이다.
자기가 자기를 잃어버리는 것보다 더 큰 비극은 없다.
자기가 자기를 잃어버리고 사는 삶은
자기가 자기 있이 사는 자기의 삶이 아니라
자기가 자기 없이 사는 자기의 삶이기 때문이요
자기가 자기 없이 사는 삶은 공허한 삶이기 때문이다.

그리고 '**자기를 모른다**' 는 것을
모르는 것이 또 커다란 비극이다.
(류달영, 인생의 열쇠 꾸러미)
자기가 자기를 모르고 사는 삶은
자기가 자기의 삶을 살아 주는 것이 아니라
자기가 자기의 삶을 헛 살아 주는 것이기 때문이다.
이게 다 '무지' 의 소치이다.
또 자기 안에 하느님이 계심을 모르는 것이
무지요 인생의 커다란 비극이다.
그것은 진정한 자기를 모르고 사는 것이기 때문이다.
그러므로 진정한 자아 발견으로
자기 안에 계시는 하느님 발견에 이르러야
비로서 무지에서, 무명(無明)에서, 헛것에서 벗어남으로써
진정한 자기를 찾아
진정한 자기 삶을 살아 갈 수가 있다.

진정에서는

나와 하느님과 가 함께 만나기 때문에
진정한 자아를 발견하게 되면
자아 안에서 하느님을 꼭 발견하게 되는 것이다.

진정한 자아 발견은
하느님과의 관계에서뿐만 아니라
이웃과의 관계에서도 발견 되어야 한다.

우리의 삶의 궁극적인 과제는
진정한 자기 발견으로 끝나는 것이 아니라
진정한 자기로 되는 것이다.

내가 나일 때
그게 진아이다.
하느님을 내 안에 모시고 있을 때
그게 진아다.
그러므로 나가 나로 되어
나 안에 하느님을 모심으로써
진정한 자기로 되는 것이다.

내가 나인 것은
하느님의 은총으로서입니다.(1고린 15,10)
자기가 진정한 자기가 될 수 있는 것은,
곧 내가 나일 수 있는 것은
하느님의 은총으로서다.

그러므로

하느님 은총을 받아
자신이 짐승과 같다 에서,
또 자신이 자신을 모른다는 무지로부터,
또 자신 가운데 하느님이 계심을 모르는 무지로부터 헤어나
자신 안에 하느님이 계시다는 것을 발견함으로써
자신의 이제까지의 삶은
하느님으로부터 떠나서 살았다는 것을 발견하게 큼 일깨워 준다.
진정한 자신으로 되 돌아와
진정한 자아를 회복하여
하느님과 함께 해야 한다.

이것이 신앙인의 궁극적인 목적이다.
이것이 자아 발견의 길이다.
이것이 자기가 자기로 되는 길이다.
곧 진아로 되는 길이다.
이것이 곧 진정한 자아 발견의 의미이다.

이것이 만남의 목적이고,
만남의 길이고,
만남의 뜻이다.

자기를 아는 사람

자기를 아는 사람은
지자(知者)이고

자기의 자기를 아는 사람은
현자(賢者)이다.

자기가 자기가 아님을 아는 사람은
인자(仁者)이고
자기가 자기임을 아는 분은
완전한 분이시다.

거짓 자아自我를 버려야

세례를 통하여 우리의 거짓 자아(自我)를 다 버린다.
그러면 그리스도께서 우리가 버린 그 자리에 들어서신다.
거짓 자아는 세례로써 죽고
그리스도와 함께, 그리스도로 하여금, 그리스도가
새로 난 나 안에 들어서시게 된다.
이게 진아(眞我)다.
다시 말해서 그리스도가 안에서 활동하시고 계시는 나가 진아다.
이렇게 거짓 자아를 버림으로써 그리스도와 일치되어
뜻깊은 삶으로, 높은 의식 상태로,
강한 믿음의 경지로 이르게 된다.
이 차원 높은 지고의 경지에 다다르면
그리스도의 삶 안으로 참여하게 되어
그리스도의 사랑과 인성(人性)을 체험하게 된다.
이게 그리스도의 신성(神性)으로 들어가는 시발점이요 입구(門)다.
이 입구를 통하여 우리는 하느님과 합일하여

깊은 내적 안식을 누리게 되고
영원한 생명을 누리게 되는 곳으로 들어간다.

나여서는 안 된다

내가 먼저 나를 비웠을 때
하느님께서 내 안에 들어오시기도 하시지만
하느님께서 먼저 내 안에 들어오시어
나의 잡된 것을 다 비워 주시기도 하신다.

검부래기 같은 것은
내가 먼저 내 안으로부터 내버릴 수 있지만
무거운 바위와 같은 것은
하느님께서 먼저 내 안에 들어오시어
내 안으로부터 끌어 내버려 주시지 않으신다면
나 어찌 그것을 끌어 내버릴 수가 있겠는가?

내가 스스로 할 수 있는 것에는
한계가 있다. 그러나
하느님을 내 안에 모시고 산다면
무엇이든지 해 낼 수가 있다.

그래서 내가 믿는 것
나여서는 안 된다.
하느님이어야 하는 까닭이

여기에 있다.
…
오늘 새벽 미사에 참배하면서
성체를 영하고 내 자리에 돌아와서
장궤를 하고 있으니
내 배 속에서 게트름이 일어
내 안에 있는 가스가 나와 버려
속이 시원해 졌다.
나는 종종 이런 경험을 하게 되는 데
기도에 깊게 잠겨 긴장에서 풀렸을 때,
십자가를 바라보고 무릎 꿇고 새벽 기도 할 때,
어떤 때는 아침 새벽 미사를 참배하면서
영성체 하기 전에 뱃속으로부터 게트름이 나와
속에 있는 가스를 없이하기도 하지만
어떤 때는 성체를 영하고 난 뒤에
가스가 나오는 계트름을 하기도 한다.
또 어떤 때는 영성체 하기 전에
배가 진동하며 크게 소리를 내기도 한다.
그런데 나는 새벽 미사에 참배하기 전에
변을 보면서 배 운동을 하여
배속에 있는 가스를 제거한다.
이렇게 가스를 미사 전에 집에서 제거하고 교회에 갔는데도
미사 때 성체를 영하면서
이렇게 게트름으로 또 방귀로 가스가 나오는 경험을 종종 한다.
이것을 가지고 적은 글이다.

나는 나다

제1단계	나(타고난)		나(세속의)	
	적자지심(赤子之心)	=	성자지심(成者之心)	
	천인미분(天人未分)		어른 마음	
	어린이 마음		방심(放心)	
	본래성(本來性)		인성(人性)	
	순수한 마음		불순한 마음	오판(誤判)
	때묻지 않은 마음		때묻은 마음	오인(誤認)
	가난한 마음		부유한 마음	
	비운 마음		가득한 마음	
	상심(常한心)		비상심(非常心)	
	Unconscious		Conscious	

↓ ↓ 관상(觀想)
내면성찰(內面省察)
인식(忍識)

제2단계				
	적자지심(赤子之心)	≠	성자지심(成者之心)	
	천인미분(天人未分)		어른 마음	깨달음
	어린이 마음		방심(放心)	(知己)
	본래성(本來性)		인성(人性)	자아발견,
	순수한 마음		불순한 마음	하늘을 앎
	때묻지 않은 마음		때묻은 마음	기(己)의
	가난한 마음		부유한 마음	본래성
	비운 마음		가득한 마음	인식
	상심(常한心)		비상심(非常心)	천명(天命)
	Unconscious		Conscious	인식

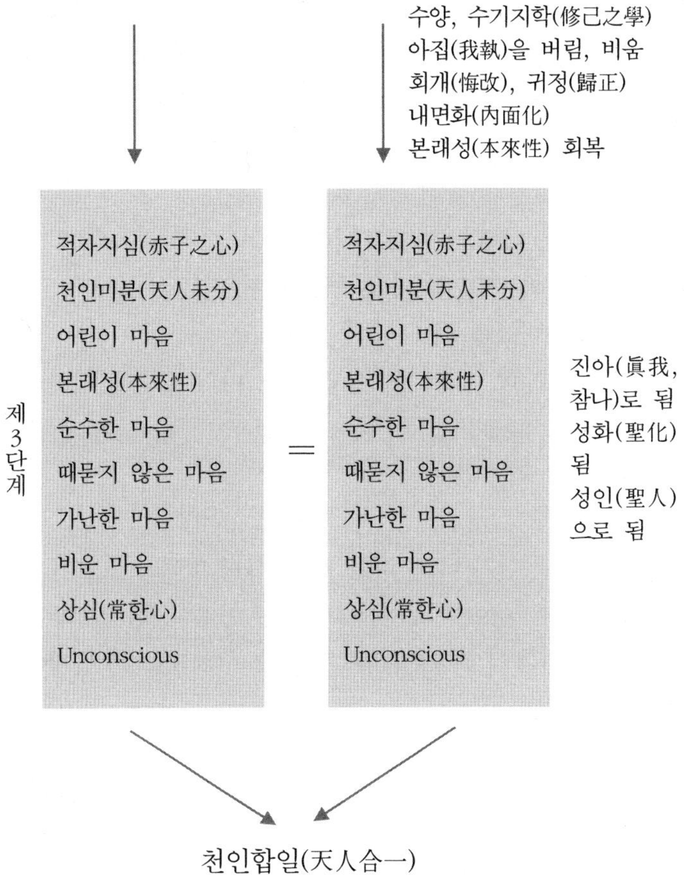

사람은 자기 마음의 모습을 잘 모른다. 아무리 현명한 사람이라도 그 모습을 볼 수도 없고, 만져 볼 수도 없는 그러한 마음의 모습을 어찌 우리 범인이 잘 알 수 있겠는가 만은 적어도 우리 자신의 현재 마음의 모습을 대충 어렴푸시라도 한번 점검해보고, 또 자기가 태어났을 때의 마음의 모습은 도대체 어떠했을까 하고 생각해보고, 그리고 앞으로 자기가 가져야 할 바람직한 마음의 모습은 도대체 무엇일까 하고 그려보아야 할 것이다.

우리는 우리 자신을, 곧 '나(我)'를 잘 알고 있다고 생각한다.
그러나 사실 우리는 우리 자신을, 곧 '나(我)'를 잘 모르고 있다.
내가 누구인지? 나의 원연(源淵)은 무엇인지?
나는 무엇이 되어야 할 것인지? 이런 것 말이다.

위에 제시한 '나는 나다'라는 도표에서
나를 '타고 난 나'와 '세속의 나'로 구분했다.
'타고 난 나'는 태어났을 때의 나의 모습이고,
'세속의 나'는 현재 이 세상에서 살고 있는 나의 모습을 말한다.

이것을 세 단계로 나누었다.

제1단계는 '타고 난 나가 나다' 라고 보는, 다시 말해서 모르면서 안다고 하는 단계, 곧 눈이 어두어서 '세속의, 현재의, 현상계의 나가 타고 났을 때의 나다'라고 오판(誤判)하고 오인(誤認)하는 단계이다.

제2단계는 '세속의, 현재의, 현상계의 나는 타고 난 나가 아니다'고 부정(否定)하는 단계이다. 곧 '지금 살고 있는 나의 모습은 태어났을 때의 나의 모습이 아니다'라는 그 깨침, 다시 말해서 관상과 내면성찰(內面省察)을 통하여 자기의 진면목을 알게 되는, 곧 지기(知己)의 단계이다.

제3단계는 '지금의 나가 타고 났을 때의 나와 똑같다'라고 확신하는 단계다. 이것은 오랜 수양과 실천, 그리고 아집을 버려 비우고 회개를 통해 자신의 세속의 모습을 타고난 모습으로 바꾸어 성화 되는 완덕의 경지이다. 참나(眞我)가 되는 경지이다. 그렇게 되어 천인합일(天人合一)을 이루게 되는 경지이다.

이것을 같음표(=)와 틀림 표(≠)를 써서
왼쪽(타고난 나)과 바른 쪽(세속의 나)이 같다(=)고 하고
틀리다(≠)고 다음과 같이 표시하여본다.

제1단계는 왼쪽(타고난 나)과 바른 쪽(세속의 나)이 같다고
여기는 것이다.

타고난 나		세속의 나
적자지심(赤子之心)		성자지심(成者之心)
천인미분(天人未分)		어른 마음
어린이 마음		방심(放心)
본래성(本來性)		인성(人性)
순수한 마음		불순한 마음
때묻지 않은 마음	=	때묻은 마음
가난한 마음		부유한 마음
비운 마음		가득한 마음
상심(常한心)		비상심(非常心)
Unconscious		Conscious

이상에서 보면 타고난 나와 세속의 나는 그 내용이 완전히 다르다.
그런데도 이 둘을 같다(=)고 보는 것이다.

타고난 나 = 세속의 나

제2단계는 왼쪽과 바른 쪽이 다르다고 보는 것이다.

적자지심(赤子之心)		성자지심(成者之心)
천인미분(天人未分)		어른 마음
어린이 마음		방심(放心)
본래성(本來性)		인성(人性)
순수한 마음		불순한 마음
때묻지 않은 마음	≠	때묻은 마음
가난한 마음		부유한 마음
비운 마음		가득한 마음
상심(常한心)		비상심(非常心)
Unconscious		Conscious

깨달음
(知己)
자아발견,
하늘을 앎

기(己)의
본래성
인식
천명(天命)
인식

이 단계에서는 세속의 나는 타고난 나와 같지 않다(≠)고 보게 되는 단계이다. 이것은 자기 진면목을 알게 되는 단계이다. 자기의 현재 모습이 타고 났을 때의 그 진짜 모습이 아니라고 깨닫게 되는 단계이다.

타고난 나 ≠ 세속의 나

제3단계는 왼쪽(타고난 나)과 바른 쪽(세속의 나)이 같다고 하는 것이다.

적자지심(赤子之心) 천인미분(天人未分) 어린이 마음 본래성(本來性) 순수한 마음 때묻지 않은 마음 가난한 마음 비운 마음 상심(常한心) Unconscious	=	적자지심(赤子之心) 천인미분(天人未分) 어린이 마음 본래성(本來性) 순수한 마음 때묻지 않은 마음 가난한 마음 비운 마음 상심(常한心) Unconscious	진아 (眞我, 참나)로 됨 성화 (聖化) 성인 (聖人)

이상에서 보면 오른 쪽의 세속의 나의 내용이 수양과 실천을 통하여 타고난 나와 똑같게 되었다는 것을 알게 된다.
수양과 실천을 통하여 성화된 나가 타고난 나와 똑같게(=) 되는 단계이다.

타고난 나 = 세속의 나(세속의 나가 성화된 나로 바뀐)

이상의 것들을 정리하여 보면

제1단계	나는 나다	나 = 나	오판(誤判), 오인(誤認)
제2단계	나는 나가 아니다	나 ≠ 나	자기를 앎(知己)
제3단계	나는 나다	나 = 나	진아(眞我), 성화(聖化)

제1단계의 '나는 나다'와 제3단계에서의 '나는 나다'는 같은 말이지만 완전히 다른 내용과 의미를 갖고 있다.
제1단계에서의 '나는 나다'는 오판과 오인에 기인되어 세속의, 현재의, 현상계의 나가 타고 났을 때의 나와 같다고 하는 것이고,
제3단계에서의 '나는 나다'는 수양과 실천을 통하여 불순한 마음, 때 묻은 마음, 부유한 마음, 가득한 마음을 갖은 세속의, 현재의, 현상계의 나가 순수한 마음, 때 묻지 않은 마음, 가난한 마음, 비운 마음을 갖은 타고난 참의 내 모습으로 되돌아와 성화된 진아(眞我), 곧 참나가 되는 경지이다.

이렇게 하여 종국적으로 천인합일(天人合一)하는 것이다.
곧 하늘과 사람이 하나가 되는 것이다. 완덕(完德)에 이르는 것이다.
이것이 사람이 바라는 지고하고 거룩하고 성스러운 이룸이다.
하느님이 보시기에 좋아하실 그러한 사람으로 되는 것이다.

나는 나이고 싶다

나는 나이고 싶다.
훨훨 털어버리고
나는 나이고 싶다.

붙들지 않고
놓아버리고
나는 나이고 싶다.

버리고 떠났지만
다시 돌아와서
나는 나이고 싶다.

담았던 것
다 비어 버리고
나는 나이고 싶다.

입었던 것
다 벗어버리고
나는 나이고 싶다.

물들지 않고
그대로
나는 나이고 싶다.

광대역 버리고
나의 역 할 수 있게
나는 나이고 싶다.

나는 보았다

나는 보았다.
나는 나를 보았다.
옹달샘 속에서 나를 보았다.

나는 보았다.
나는 해를 보았다.
옹달샘 속에서 해를 보았다.

나는 보았다.
나는 별을 보았다.
옹달샘 속에서 별을 보았다.

나는 보았다.
나는 달을 보았다.
옹달샘 속에서 달을 보았다.

나는 보았다.
나는 구름을 보았다.
옹달샘 속에서 구름을 보았다.

나는 보았다.
나는 이끼를 보았다.
옹달샘 속에서 이끼를 보았다.

나는 보았다.
나는 올챙이를 보았다.
옹달샘 속에서 올챙이를 보았다.

나는 보았다.
나는 가랑잎을 보았다.
옹달샘 속에서 가랑잎을 보았다.

무더운 여름 날 먼 고갯길 가다가
도토리 잎으로 컵을 만들어
이 옹달샘 물을 퍼서
나무 그늘 밑에 앉아 마시고
땀을 달랬다.

I saw

I saw
I saw myself
I saw myself in a spring

I saw
I saw the sun
I saw the sun in a spring

I saw
I saw stars
I saw stars in a spring

I saw
I saw the moon
I saw the moon in a spring

I saw
I saw clouds

I saw clouds in a spring

I saw
I saw moss
I saw moss in a spring

I saw
I saw a tadpole
I saw a tadpole in a spring

I saw
I saw a leaf
I saw a leaf in a spring

I was going over a steep hill on a very warm day
I was thirsty and I made a cup with a large leaf
Scooped water with it from a spring and
Sat and drank water under the shade of a tree.

나와 내 이름은 별거중입니다

나와 내 이름은 별거중입니다

나와 내 이름과는
별거別居 중입니다.

그러나
이혼離婚은 아닙니다.

나와 내 이름과는
어렸을 적 한집에서
함께 살았는데

나이 들면서
세상에 알려지자
내 이름은
나를 버리고
떠나 갔습니다.

서로 혼자 살면서
각기 딴 집에서 자며
혼자 밥 먹고
혼자 자고
혼자 숨 쉬면서
각기 다닙니다.

이제 나와 내 이름과는
너는 너
나는 나 입니다.

내가
이 세상 떠나도

내 이름은
당분간 홀로 남아서
떠돌아 다닐 겁니다.

그러다가
내 무덤 앞
돌비석에
잠들것입니다.

그처럼
나와 내 이름은
교묘한 사이입니다.

나와 진리와 생명

배추와 양파의 껍질을
하나하나 벗겨 들어가면
남는 것은
생명뿐.

나의 껍질을
하나하나 벗겨 들어가면
남는 것은
내가 타고난 모습뿐.
이것이 나의 나다.

나의 나의 껍질을
하나하나 벗겨 들어가면
남는 것은
생명뿐.

나의 나의 생명
이것이 진리다.
나의 나와 진리와 생명은
일체이기 때문이다.

나의 나의 생명의 생명
그것은 사랑이다.
나의 나와 진리와 생명은
사랑에서 비롯되기 때문이다.

I, Truth, and Life

When the peels of a cabbage and an onion
Are removed one by one
The ultimately remaining one
Is only life

When the peels of mine
Are removed one by one
The ultimately remaining one
Is my own true inborn self

This is ‘I of mine’

The peels of ‘I of mine’
Are removed one by one
The ultimately remaining one
Is only life

The life of ‘I of mine’
This is truth
Because the ‘I of mine’, truth, and life
Are one

The life of life of ‘I of mine’
That is love
Because ‘I of mine’, truth, and life
Are originated from love

배추의 껍질을 하나하나 벗겨 들어가 보라.
그러면 무엇이 나오는가?
더 벗길 수 없는 것이 나온다.
더 벗길 수 없는 것이 바로 생명이다.
벗기고 또 벗기면
더 벗길 수 없는 생명만이 남는다.

자신의 가식의 껍데기를 하나하나 벗겨 들어가 보라.
그러면 무엇이 남는가?
진정한 자신만이 남는다.

진정한 자신은 어린이와 같은 자신이다.
어린이와 같은 자신은 진정한 자신이기 때문이다.
어린이와 같은 진정한 자신은 진리다.
진리는 생명이다.

자신의 가식의 껍데기를 하나하나 벗겨 들어가면
진리의 생명만이 남는다.
진정한 자신은 진리요 생명이기 때문이다.

이런 진정한 자신을 발견 하였을 때
하느님이 보인다.
하느님과 자신과의 관계를 깨닫는다.
하느님과 진리와 생명과 자신과의 관계를 깨닫는다.

진리는 살아 있다.
하느님은 살아 있다.
나도 살아 있다.
하느님과 진리와 나는 삶에서 하나다.
하느님과 진리와 나는 생명에서 하나다.

생명이 나의 있음의 근원이다.
생명이 나의 모양의 근원이다.
생명이 나의 마음의 근원이다.
나의 모든 것은 생명에 달렸다.
나의 모든 것은 생명인 하느님에게 달렸다.
이것이 진리다.

생명이 있어야 살아 있다.

살아 있어야 싱싱하다.
생명이 없으면 죽어 있다.
죽어 있으면 부재하다.

호두라든지 땅콩을 볶아 두면 얼마 안 되어
불쾌한 쩐 냄새가 난다.
생명을 잃었기 때문이다.
생명을 잃게 되면 썩기 때문이다.
생명이 있으면 땅 속에 묻어도 생명이 있다.
살아 있는 호두라든지 땅콩을 땅 속에 심어보라.
그러면 땅 속에서 썩어서 새 생명이 나오지 않느냐?
죽은 호두라든지 땅콩을 땅 속에 심어 보라.
그러면 땅 속에서 영영 썩어 죽어 버린다.
생명이 없으면 이어지지 않고 끊긴다.
생명이 있을 때 비로소 이어진다.
영원에로 이어진다.

나의 나 그것은 사랑이다.
진리의 진리 그것은 사랑이다.
생명의 생명 그것은 사랑이다.

나의 세계世界

나의 세계(世界)는
넓고도 넓다.

과학자(科學者)가 되어
생물(生物)의 세계를
들여다 볼 수 있게 되었다.

아프리카에 가게 된 것은
나의 세계를
보다 넓게 만들었다.

그리스도인이 되어서
나의 영적(靈的) 세계는
보다 깊게 되었다.

시인이 되어서
하느님의 음성을
하느님의 모습을
하느님의 거동을
하느님의 사랑을
하느님의 생명을
글로 표현할 수 있게 되었다.

이렇게 보다 넓은 세계
보다 깊은 세계에 나아가
보다 넓고, 보다 깊은 세계,
무한한 힘의 세계를
보았고 경험했다.

나의 시야(視野)가 넓어졌고,

나의 경험(經驗)의 폭이 넓어졌고,
나의 상상(想像)의 세계가 넓어졌다.

참으로의 은총이다.
참으로의 축복이다.
참으로의 행복이다.

앞으로는 보다 높고, 보다 깊은
은총의 세계, 축복의 세계, 행복의 세계에
나아갈 수 있기를 희망한다.

나의 신앙의 중심

나의 신앙의 중심은
예수 그리스도

나의 사랑의 중심도
예수 그리스도

나의 생명의 중심도
예수 그리스도

나의 희망의 중심도
예수 그리스도

나의 힘의 중심도
예수 그리스도

나의 축복의 중심도
예수 그리스도

십자가는 나의 전체
십자가는 나의 신망애(信望愛)의 전체
십자가는 나의 신앙의 전체
나의 신앙은 나의 전체

우리는 하나
수난하시고
부활하신
십자가 밑에서
하느님 우러르며
우리는 하나

우리는 하나
길이시고
진리이시고
사랑이신
예수 그리스도의
십자가 끌어 안고
하느님 말씀 받들며
우리는 한 몸
우리는 하나

우리는 하나
우리의 믿음도 하나
우리의 바람도 하나
우리의 사랑도 하나
재림하실 그리스도를
하느님께 간구하고
애절하게 기다리며
우리는 하나

무아無我란

무아無我란
모두를 버린 자신.

무아無我란
없는 자신이 아니라
모두를 버린 자신이다.

그렇게 되어 아무 것도
들어설 자리가 없는 나가
무아(無我)다.

본래 내 것은 없으니
다 돌려 줄 것 주고
버릴 것 버려야.

지식
의지
기억
생각
관념
편견
교만
경험
희망
신체
재산
가족
집착
탐욕
분노, 시기, 교만, 인색, 질투, 미움, 거짓, 혐오, 등
망상번뇌
모두 버린다
그런 나가 무아無我

가져온 것도 없는데

가져온 것도
없는데
무엇을
찾는가?

공수래(空手來)
하색호(何索乎)

('가져온 것도 없는데'는 평범한 일상에 구도승과 절대자를 통해 새로운 세계를 구현해내고 있다. 한국문인 2011, 4월호)

Nothing You Brought With, Yet…

Nothing you brought with and
Nothing you can bring back with.
Yet, you are searching for
Something.
What a wasteful life!

집사람과 함께 헬스클럽에 나가
운동하고 나서
집사람이 쓴 운동기구를 닦아주려고
종이에 물을 축여 가지고 가니
집사람이 허리를 구부리고 그 운동기구 언저리를 더듬으며
무엇인가를 찾고 있는 것을 보고
얼떨결에 집사람에게 이렇게 말했다.

'가져온 것도 없는데 무엇을 찾는가?'

이 말을 하고 나서
그게 너무도 좋아서

바로 종이쪽지에 적어 호주머니에 집어넣고
집에 와서 곧바로 정리하여 기록했다.

사람이 태어날 때
아무런 물건도, 아무런 지식도 가져오지 않거늘
살면서 어찌하여 그렇게 열광적으로
물건을 찾고 지식을 찾는 일에 집착하는 건가?
다 부질 없는 일이다.

좋은 깨침이다.
선적(禪的) 깨침이다.
이러한 나의 깨침은
꼭이나 용담(龍潭)스님이 덕산(德山) 스님을 깨치게 한
그러한 것처럼
나의 아내가 나를 그렇게 깨닫게 하여 준 것이다.

실은 오늘 이 일이 있기 바로 전에
40분 동안 운동을 하면서
덕산(德山) 스님이 용담(龍潭) 스님으로부터
깨달음을 받게 된 행적과
내가 성서의 구절을 암송하다가 깨달아 적은
'눈과 마음, 빛과 어둠'이라는 글귀를
서로 연관 지어 가면서 두 번 묵상하였다.

그리고 밤에 연속극 '보석비빔밥'을 보다가
덕산(德山) 스님에게 어느 노파가 이야기 한
다음의 금강경(金剛經)의 내용이

내가 묵상한 내용의 일부에서와 같이
이렇게 나왔다.
'과거심불가득(過去心不可得), 현재심불가득(現在心不可得),
미래심불가득(未來心不可得) 중 어느 것에
점을 찍겠느냐(點心)는 말이 나왔다.

이 또한 그냥 우연이라고만 할 수 없다.
필경 성령께서 이렇게 인도하여 주시는 것임에 틀림 없다.

자절사子絶四

공자가 논어에서 말하는 자절사(子絶四) 즉
무의(毋意), 무필(毋必), 무고(毋固), 무아(毋我)는
사의(私意)를 개입시키지 말라, 어느 것만이 반드시
또는 오로지 진리다 하지 말라, 고루하지 말라,
나만을 생각하지 말라는 것으로
이러한 네 가지 아집(我執)을 버려라 하는 말이 될 것이다.

불수불탐不受不貪

진리를 깨닫는 데 있어서
가장 큰 걸림돌은

자기 자신에게 집착(執着)하는 것이다.
아집(我執)만 떠나 보내면
일체만물(一切萬物)의 참다운 여래(如來)를 보게 되고
그래서 일체법(一切法)에
이 모두를 버린 '아(我)'에 이르는 지혜공덕(智慧公德)은
그 어떤 물질적 포시(布施)와 비교할 수 없이 크다고 하는 것이다.

또한 무상(無相), 무아(無我)를 이루는 사람은
복덕(福德)을 구하거나 탐하지도 않는다.
다만 무심히 체득하여 실천할 뿐이다.

카잔차키스의 명언(名言)
1. 나는 바라는 게 없다.
2. 나는 두려운 게 없다.
3. 나는 자유다.

그러니까 카잔차키스는 불수불탐(不受不貪)을
깨닫고 실천한 사람이다.

정신精神이 없으면

어제 한 시간 정도
완전 실신 상태에 빠졌다가
다시 정신이 들었다.
이런 체험을 하고 오늘 주일 날

교회에 다녀 와서 다음과 같이 적었다.

내가 정신이 없으면
나는 나가 아니다.

내 가정이 정신이 없으면
내 가정은 내 가정이 아니다.

내 국가가 정신이 없으면
내 국가는 내 국가가 아니다.

내 교회가 정신이 없으면
내 교회는 내 교회가 아니다.

내가 그리스도의 정신이 없으면
나는 그리스도인이 아니다.

내가 한 시간 정도 정신을 잃었을 때는
나는 나가 아니었다.
정신이 다시 돌아 오고서야
나는 다시 나가 되었다.

숨은 여전히 쉬고 있었고
그런데 잠재의식(의지)은 그대로 남아 있었던 것 같다.
왜냐하면 그런 상태에도 페인트 통을 가지고 지하실에 내려가
페인트 두어 두는 곳에 꼭 두어 둔 사실이다.

정신이 없으면
살았어도 죽었다.
정신이 없으면
하느님을 모르고,
하느님 나라를 모르고,
하느님을 떠나 있으니
나는 병자다.
나는 죽은 자다.

숨 쉬는 영(靈)과 양지(良知), 양능(良能)의 영(靈)과는
함께 하면서 서로 떠나 있을 수 있다.
즉 숨 쉬는 영과 하느님을 알 수 있는 영과는
함께 하면서 서로 떨어져 있을 수 있다.

하느님을 알아 볼 수 있는 영이 바로 성영(聖靈)이다.
성영은 숨 쉬는 영과 함께 하면서 또 떠나 있을 수 있다.
이게 바로 Spirit이다.
탈영기도(脫靈祈禱)란 숨 쉬는 영은 그대로 있으면서
Spirit만 별도로 하여 Spirit로 드리는 기도다.

무아無我

공자가
무아(無我)라고 하는 것이
곧 인(仁)이라고 보는 것은

'내가 나를 버림으로써
상대와 하나됨'이라는 의미다.
그러면 '그것이 곧 인(仁)이다'라는 것이다.

화인(畵人), 공석하, 뿌리 2006년

공자는
인(仁)을 가르쳤으나
인(仁)을 실천치는 못했다.

그러나 예수 그리스도는
인(仁)을 가르치셨고
인(仁)을 실천하셨다.
만인을 위하여 자신을 버리셨다.

배문한(裵文漢)도미니꼬 신부님도
인(仁)을 가르치셨고
인(仁)을 실천하셨다.
바닷물에 빠져 허우적거리는 세 여인을 구하고
자신을 버리셨다.
예수 그리스도의 사랑을 배워
몸소 그것을 실천하셨다.

무아경無我境에 들면

나는 매일 새벽미사 참례하러 성당에 가기 전

집에서 기도하다가 종종 무아경(無我境)에 든다.
이때 여러 가지 일들이 생시처럼 떠오른다.
(이것을 기록하고 있다.)
그러면서 내가 무아경에 있다는 것을 알고 있다.
꿈(명석몽明皙夢) 속에서 꿈을 꾸고 있다는 것을 알고 있듯이.

이렇게 하여 무아경에 들어 있는 나는
깊은 수준에서 무의식적(無意識的)이고, 원형적(原形的)인
에너지의 내적인 것과 연결됨으로써
더 성숙(成熟)하고, 더 현명(賢明)하고, 더 강(强)하고,
더 가깝게, 더 멀리, 그리고 더 깊게, 또 더 넓게
내다 볼 수 있게 될 수 있을 것이다.

이렇게 됨으로써
억압의 행위는 축소되어 더 이상 억압치 않는
새로운 나 자신(自身)으로 태어날 수 있을 것이다.

손이 올라 떠 있었다

새벽에 일어나
새벽 미사에 참배하기 위하여 성당에 가기 전
기도하고
매일 아침에 암송하는 50여 개 성서 구절을 암송하고 나서
정좌(正坐)한 다음

두 손을 각기 무릎 위에 놓고
「너희는 나를 누구라고 생각하느냐?」
「수아호(誰我乎)」, 「Who am I?」를 계속 외워댔다.
이렇게 한참 하고 나서
무아경(無我境)에 이르렀고 얼마 후에 살펴보니
나의 두 손은 나의 무릎 위에서 떠서 있었음을 발견 했다.

「너희는 나를 누구라고 생각하느냐?」
이렇게 나에게 묻는 것은
나 자신이 아니라 제3자가 나에게 그렇게 묻고 있는 것이다.
그 제3자가 바로 예수 그리스도이신 것이다.
살아계시고 현존하시는 예수 그리스도께서
나에게 그렇게 묻고 계신 것이다.
(이것은 꼭이나 불교에서의 벽관(壁觀)과도 같은 것이다.)
내 자신이 성화 되어
하느님과 일치할 수 있으므로
내 자신이 하느님 안에 있으면서
나 자신에게 '너희는 나를 누구라고 생각하느냐?' 하고
물으시는 것 같이 느껴 졌다.

이를 통하여
나는 무아경(無我境)에 들었다.
십자가의 성 요한은 '완전한 무(無)(nada)가 될 수 있을 때
영혼은 완전한 전부(tada)를 얻을 수가 있다'고 하였다.

무아경에 있는 것이
불가시를 경험하는 것이다.

시원의 진리를 체험하는 것이다.
전부이신 하느님을 체험하는 것이다.
침묵(沈默)이신 하느님을 체험하는 것이다.

나는 이 무아경을 경험하고 나서
그렇게도 좋을 수가 없었다.
그렇게도 기쁠 수가 없었다.
새롭구나! 삶이 새롭구나! 즐겁구나!
이렇게 찬사를 연발하였다.

마음이 하늘에 향하면

내 마음이
하늘에 향하면
꼬인 것들이 몽땅 풀리고
다 썩은 것들이 모다 쏟아져 나가고
가뜩 쌓였던 것들이 죄다 터져 나온다
그리고 가득히 조였던 것들이 다 사라지고
꽉 짜누르고 있던 것들이 가벼워진다
합장한 두 손이 저절로 벌어지고
무릎 위에 얹은 두 손이 살그머니 떠 올라가고
바라보던 십자가가
황금빛으로 방사되어
한 개가 두 개로 된다
그 복제된 십자가가 나에게로

가까이 다가온다
더욱 더 가까이 다가온다
또렷이 다가온다
영광 영광 또 영광
찬양 찬양 또 찬양
감사 감사 또 감사

모든 것을 털어버려
침묵에 들면
온통 잊고
오직 없는 나만이
거기에 그와 함께 있다

When My Mind is Toward Heaven

When my mind is toward heaven
Those tangled are all untangled
Those rotten are all discharged
Those piled up are all eliminated
Those screwed up are all repaired
And the pressures upon me are all released

Hands joined together part from each other
Hands placed upon laps are slowly raised up
The crucifixion on the wall I pray watching it
Illuminating golden light rays

And duplicating itself
It comes closer towards me
Much closer
Clearly enlarging before my eyes
Glory, Glory, Glory
Praise, Praise, Praise
Thanks, Thanks, Thanks

Eliminate all my possessions
And enter into silence
There, only self
With no one else
Except Him

비워서 채워라

주님의 말씀으로 비워서
주님의 말씀으로 채워라.
그러면 주님께서 너와 함께.
하느님이 너와 함께.
진리가 너와 함께.
자유가 너와 함께.
생명이 너와 함께.
사랑이 너와 함께.

주님의 말씀, 진리의 말씀으로
너의 가득한 마음을 비워라.

0=1

주님의 사랑의 말씀으로 그 빈 마음을 다시 채워라.
그러면 주님과 너는 일치한다.

1=1

녹음 테이프를 다 비우지 않고 그냥 녹음하면 허사다.
녹화 테이프를 다 비우지 않고 녹화하면 허사다.
다 비워야만 자신이 원하는 노래며 그림을
그 테이프에 집어 넣을 수 있다.
고스란히 담을 수 있다.
비우는 데도 어떤 힘이 없이는 비울 수 없다.
물론 채우는 데도 어떤 힘이 없이는 채울 수 없다.
그 힘이 성령의 힘이다.

성령께 간절히 청하라.
너를 십자가 위의 주님과 합일(合一)케 하여 주시라고.
그리고 네 영혼과 모든 것을 주님께 바쳐라.
주님께서 십자가 위에 매달려
완전한 사랑과 희생으로 자신의 모든 것을 주신 것 같이.
그러면 주님께서 네 안에 들어 오셔서 사시며
네 마음과 뜻을 그리고 영혼을 또 힘을
완전한 사랑과 희생으로 이끄시어

주님과의 완전한 일치로 이끌어 주시리라.
그러면 너는 청정하고 가득하게 될 것이며
하느님의 영광을 위하여
주님의 인도로 사랑이 가득 채워져
사랑으로 살아가며 사랑으로 생각하고 사랑으로 행동하리라.
그래가지고 다른 이들의 영혼을 구하게 되리라.

무아無我되려는 목적

대사일번(大死一番)으로
멸기적멸(滅己寂滅)로
기왕의 나는 죽고 새로운 나가 태어난다.
순수한 자신이 된다. 진아(眞我)가 된다.
어린이赤子가 된다.
자유인이 된다.

그렇게 되어
깨어나게 된다.
진리의 지성소에 들어
영靈 안에 있게 된다.
영 안에 깨어나 있게 된다.
영의 인도 받고 영감(靈感)을 받게 된다.
한계를 넘어 무한에 잠길 수 있게 되어
모든 이에게 위대성을 성취할 수 있게 큰 영감 된다.

무(無)와 하나 된다.
근심걱정이 없어지고 희열을 느끼게 되고
창의적인 생기가 흘러나오게 된다.
깊은 휴식(안식)을 느낀다.
감사하게 된다.
교위(巧僞)가 없게 된다.
인혹(人惑)이 없게 된다.
풍족, 창조, 사랑, 평화, 기쁨, 안녕 등을 갖게 된다.
다른 사람들에게 유익하게 하도록 영을 표출한다.

진정한 사랑으로 나아갈 수 있다.
새로운 생명으로 나아갈 수 있다.
진여(眞如)로 나아갈 수 있다.
如如로 나아갈 수 있다.
자타일여(自他一如)다.
범어일여(凡於一如)다.
충만充滿하다.

불가시를 경험케 하여
시원의 진리를 체험한다.
현중현(玄中玄)을 체험한다.
득도得道 한다

부처가 된다.
하느님과 합일한다.
배천(配天)한다.

이전에 볼 수 없었던 것이 보인다.
이전에 들을 수 없었던 것이 들린다.
이전에 생각지 못한 것이 생각난다.
그래 가지고 영원한 생명 얻게 된다.

이런 하느님 은총 받으려면
하느님의 계명과 교회 법규의
올곧은 길 걷고,
어둡고 진실한 믿음,
굳센 바램,
오롯한 사랑 안에 살며
모든 행복을 내세에 걸고,
이승에서는 순례자, 가난한 자,
추방당한 자, 고아로
외롭고 찾아갈 길조차 없으며
갖은 것도 없이 오직
모든 것을 천국에 기대하는 사람으로
사는 길 밖에.

어두운 믿음(信)
굳센 바람(望)
오롯한 사랑(愛) 안에서 살면
아무 것도 두려울 것 없다.

우리를 가난으로 행복하게 살게 하는 것은
우리의 마음이니

우리의 마음을 가난케 하여
하느님께 온전히 쓰기를.
그러면 하느님께서 우리를 보살펴 주실 것이다.
하늘나라가 그들의 것이기 때문이다.

그러면
카잔차키스의 명언대로
나는 바라는 게 없다.
나는 두려운 게 없다.
자는 자유다.

이것에 이르리라.

일체유심조一體唯心造

일체유심조(一體唯心造)는
불교에서 석가(釋迦)의 말씀 가운데 하나로
강조하는 말로서
'모든 것은 마음에 따라 달라진다'는 것이다.

금강경(金剛經)에서는
이것을 간명하게 다음과 같이 말하고 있다.
'세상에 고정된 것은 하나도 없음을
확실하게 깨달음으로써
최고의 지혜에 도달할 수 있다'고 하고 있다.

곧 마음이 모든 것을 지배한다는 것이다.

아프리카에서는 이와 내용이 같은
다음의 말을 널리 쓰고 있다.
'No condition is permanent'
아무런 조건도 영구적인 것은 없다.

Transformation

새벽 기도 중에
'너희는 나를 누구라고 생각하느냐?'
'수아호(誰我乎)'
'아시수(我是誰)'
'Who am I?'
이렇게 되푸리 하니
합장하고 있었던 두 손이
스스로 벌어졌다.
또 응시하고 있었던 십자가(十字架)가
복제되어
가까이로 더 선명하게 더 크게 다가와
또렷하게 보였다.
그 복제된 십자가를
오랫동안 바라다보고 있었더니
무아경(無我境)에 들었다.
이때 누군가가 나에게

'This is transformation! 하는 소리가 들려 왔다.
그리고 다시 깨어났다.

Transformation이란
변환, 전환, 탈바꿈, 새로 남, 형질 전환, 등등의 뜻이 있다.

무아경(無我境)에 든다고 하는 것은
나의 신앙생활에서 하나의 전환이다.
더우기 무아경에 들었을 때
이와 같이 영감을 갖게 된다는 것은
커다란 전환이 아닐 수 없다.
이것을 알리는 것이 아니겠는가?

무아無我에 이르면 새로운 것이 일어난다

새로운 것은
오직 마음이 작용하지 않을 때
마음이 그대를 조종하지 않을 때
마음을 옆으로 밀어 놓았을 때에만 일어난다.
새로운 것은 오직
마음이 개입하지 않을 때에만 일어난다.
(釋淨懷)

전도인생顚倒人生

離形去知(이형거지)	꼴과 앎을 털어버려
脫離自我(탈리자아)	나를 떠나
回心歸根(회심귀근)	마음을 돌려 그 뿌리에 돌아가
顚倒人生(전도인생)	삶을 뒤집어야
悠悠自適(유유자적)	자유스럽게 되어
同於大然(동어대연)	대 자연(하느님)과 함께 할 수 있다.

이형거지(離形去知)란
나의 이대로의 꼴과 앎을 털어 버림이다.
탈리자아(脫離自我)란
세속에 매어 있는 여기 지금의 나를 떠남이다. 가장 속박하는 여기 지금의 나를 떠남이다.
회심귀근(回心歸根)이란
나의 마음을 다시 근본으로 되돌림이다. 다시 말해서 회개하여 하느님의 지극하신 사랑에로 되돌아가 오직 하느님께 매달려 하느님의 사랑의 손길, 구원의 손길만을 애원하고 고대하는 것이다.
전도인생(顚倒人生)이란
거꾸로의 나의 인생을 제대로의 인생으로 뒤집어 되돌아와 지극한 사랑이신 하느님 은총과 섭리 깨달아 하느님의 현존을 실제로 체험하고 예수 그리스도의 하느님 사랑과 이웃 사랑 본 받아 실천할 수 있는 새 사람으로 새로남이다.
유유자적(悠悠自適)이란
그렇게 하여 아무 것에도 속박되지 아니하고 자유스럽게 되는 것이다.
동어대연(同於大然)이란
결국 대자연 다시 말해서 하느님과 함께 함이다.

곧 하느님과 합일(合一)함이다.
완덕(完德)에 이르름이다.

내가 가지고 있는 꼴과 앎을 다 털어버려 가지고
지금의 허울의 나를 떠나
마음을 돌려 그 원연(근본 이치)으로 되돌아가
이제까지의 삶을 뒤집어 새롭게 하여야
곧 새로 나야
스스로는 자유스럽게 되어
대 자연(하느님)과 더불어 하나가 된다. 그러면
하느님이 내 안에 계시고 내가 하느님 안에 있게 된다.
바로 하느님과 하나로 일치한다.
…
내가 하느님을 믿는다는 것은 상대적인 것이지만
하느님이 나를 믿는다는 것은 절대적인 것이다.
이것이 소위 믿음이라는 것이다.
믿음의 근거가 내게 있는 것이 아니라
하느님에게 있는 것이다.
한 번 뒤집어 지는 것이다.
새로나는 것이다.

하느님 현존 증거

'예수께서 말씀하시길
너희는 나를 알지 못할뿐더러

나의 아버지도 알지 못한다.
너희가 만일 나를 알았더라면
나의 아버지도 알았을 것이다.
(요한 8,19)

$$Y = a + bX \quad (1)$$

이상의 식(1)이 회귀직선(回歸直線) 방정식이다.
여기에서
Y와 X는 무한하다.
Y는 하느님이고, 미지수다. 그리고 종속변수라고 한다.
독립변수 X에 따라 종속변수 Y가 들어난다.
X는 예수 그리스도, 하느님의 아드님이시다. 기지수다.
그리고 독립변수라고 한다.
a는 상수(常數)로써 직선이 Y 축을 통과하는
위치(0에서의 거리)를 알리고
b는 상수로써 직선의 경사도를 알린다. 회귀계수라고 한다.

이 회귀직선 방정식의 원리는
독립변수 X가 먼저 들어나고
다음에 종속변수 Y가 독립변수 X에 따라
직선적으로 들어나는 그러한 관계다.
예를 들어 기차가 일정한 속도로 달린다면
기차가 달린 시간(X)에 따른 질주 거리(Y)와의 관계와 같은 것이다.
기차가 얼마 동안 달리느냐에 따라 질주 거리가 결정되는
그러한 종속적 관계다.
이러한 관계의 회귀직선 방정식을 얻으려면

독립변수 X값들을 측정하고 그에 따른 종속 변수 Y값들을 측정하여
그 회귀직선 방정식을 얻는다.
그런데 때로 X치는 이미 알려 져 있기도 하다.
그러나 독립 변수 Y는 잘 알려 져 있지 않다.
현상계의 정보를 가지고 대충 Y치들을 측정하여
그 X치와 Y치를 가지고 회귀직선 방정식을 얻은 다음
그 방정식에 기지의 X치를 대입하여 미지의 Y치를 추정한다.
예수 그리스도(X)는 우리에게 알려져 있다.
그러나 하느님(Y)은 우리에게 잘 알려 져 있지 않다.
그처럼 기지의 X(예수 그리스도)를 가지고 미지의 Y(하느님)를
알게 되는 것이다.
결국 이 사실을 알리려고 앞서 회귀직선 방정식을 가지고
이렇게 장황(張皇)하게 늘어 설명한 것이다.
다시 말해서 이로써 예수 그리스도님(X)을 먼저 알아서
하느님(Y)을 알고자 한다는 것을 알리려고 한 것이다.
또 우리가 예수 그리스도를 알아 예수 그리스도를 닮아서
하느님과 합일(合一)하고자 하는 것이다.
곧 완덕(完德)에 이르고자 하는 것이다.

이러한 관계를 앞서 적은 성경말씀을 가지고 연결 지어보면
이러하다.
'너희는 X(나, 예수 그리스도)를 알지 못할뿐더러
Y(나의 아버지)도 알지 못한다.
그러나 너희가 만일
X(나, 예수 그리스도)를 알았더라면
Y(나의 아버지, 하느님)도 알았을 것이다.'
다시 말해서 기지수 X(예수 그리스도)를 알았더라면

미지수 Y(하느님)을 알았을 것이다.
이렇게 말씀하시는 것이다.

우리 인생의 목표는 깨닫는데 있다.
곧 아는 데 있다.
특히 우리 신앙의 목표는
우리가 예수 그리스도를 알고 닮아
하느님과 일치(一致)하는 것이다.
합일(合一)하는 것이다.
곧 완덕(完德)으로 나아가는 것이다.

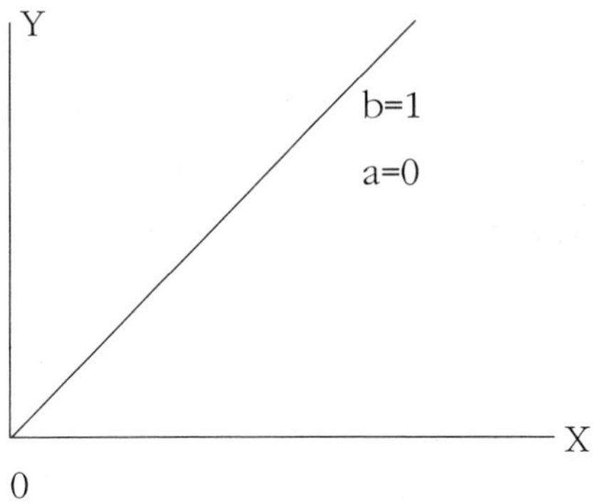

그림 (1)

우리가 알아야 하는 것 가운데 으뜸가는 앎은, 즉 깨달음은
예수 그리스도(X)와 하느님(Y)과가 같다는 것을 아는 것이다.

그래서 앞서 적은 성경 말씀으로 예수님께서 하느님과 같은 나를
'너희가 알았더라면' 하고 극구 강조하시는 것이다.

그러므로 우리가 꼭 알아야 할 그것은 바로

$Y = X$라는 것이다. (2)

곧 예수 그리스도(X)와 하느님(Y)과가 같다는 것이다.

식 (1)에서 즉 $Y = a + bX$ 에서
$Y = X$로 될 수 있는 조건은,
곧 Y와 X가 완전 일치할 수 있는 조건은
즉 하느님(Y)과 예수 그리스도(X)와가 완전히 같을 수 있는 조건은

$a = 0$
$b = 1$으로 되어야 하는 것이다.

다시 말해서 직선이 원점(0)을 통과하고, 곧 $a = 0$이고, 직선의 경사도가 1인 경우이다. 곧 $b = 1$인 경우이다.
이때 X(예수 그리스도)는 무한선상(無限線上)에서 Y(하느님)와 만난다. 그러므로 Y가 무한이면 X도 무한이다.
하느님(Y)께서 영원하시니 예수 그리스도(X)께서도 영원하시기 때문이다. (그림 1 참조)

그리고 우리(Z)가 예수 그리스도(X)와 가까워져,

$X = a + bZ$ (3)

예수 그리스도와 하나 되려면, 곧 $X = Z$ 되려면 식 (3)도 식 (1)에서처럼

a = 0
b = 1으로 되어야 한다.

이 a 와 b치는 우리가 예수 그리스도와 얼마나 가까운가를 알린다.
우리가 예수 그리스도에 무한히 가까워지면
a = 0 이고 b = 1으로 된다.
다시 말해서 직선은 원점(0)을 통과 하고
그 직선의 경사도는 1이 된다.
이리 되면 X = Z 가 된다.
다시 말해서 우리는 예수 그리스도와 하나가 된다.
우리가 예수 그리스도와 하나 된다는 것은
또 우리가 하느님과 하나 된다는 것이다.
이것이 우리가 궁극적으로 추구코자 하는 일치의, 일체의 완덕(完德)이다.

또 우리와 예수 그리스도와의 관계를 알면
우리와 하느님과의 관계도 알 수 있어
우리가 예수 그리스도님을 알 수 있으면
물론 하느님도 알 수 있게 된다.
그러므로 우리가 하느님을 알 수 있는 길은 오직
우리와 예수 그리스도와의 관계를 잘 알아
우리가 예수 그리스도와 하나 되는 것이다.
그리고 우리가 하느님과 하나 되는 길은 오직
우리가 예수 그리스도와 하나 되는 것이다.

Y = X임을 알게 되는 것은
우리 자신들의 마음 안에서 이루어진다.

우리 마음이 0이고 1일 때,
즉 우리의 마음이 원위치(原位置) 0에 있어
예수 그리스도와 함께(1) 더불어 있을 때,
곧 a = 0 이고 b = 1일 때,
Y = X라는 것을 알게 된다.
다시 말해서 하느님과 예수 그리스도님과가 같다는 것을 알게 된다.
이때 우리 인생의 목표에, 아니 우리 신앙의 목표에 도달한다.

성령에 의해서 새로 난다고 하는 것은
우리가 영적으로 회귀(回歸)하여 원위치(原位置) 0에 있게 되고,
예수 그리스도와 함께(1) 더불어 있게 되는 것이다.
곧 a = 0 으로 되고 b = 1으로 되는 것이다.
이렇게 성령에 의해서 새로 나서, 즉 a = 0 이 되고 b = 1이 되면
하느님의 뜻을 알 수 있게 된다.(로마 12,2)
Y = X라는 것을 알 수 있기 때문이다.

Y = X일 때는 곧 a = 0 이고 b = 1일 때는
a와 b는 있으면서 없고 없으면서 있다.
다음의 수식에서 볼 수 있듯이.

$$Y = a + bX$$
$$Y = 0 + 1X$$
$$Y = X$$

식 (1)에서 보면, 곧 Y = a + bX에서 보면
X와 Y는 완전히 다른 글자이다.
이 다른 글자가 같으려면, 완전 일치하려면,

곧 Y = X 으로 되려면
그 내용과 질이 같아야 한다.
즉 그 구성요소가 다음과 같이 같아야 한다.

Y : 1 2 3 4 5 …
X : 1 2 3 4 5 …

예수님과 하느님은 X와 Y가 다른 것처럼 그 이름이 다르다.
그러나 위에서 보는 봐와 같이 Y와 X는 그 내용과 질이 같다.
완전 일치한다.
그러므로 예수 그리스도와 하느님은
비록 이름이 다르다 하여도 같다.
그처럼 우리가 예수님과 다르지만 그 내용과 질이 같으면
우리가 예수 그리스도와 같이 될 수 있다.
'내 살을 먹고 내 피를 마시는 사람은
내 안에서 살고 나도 그 사람 안에서 산다' 하셨으니
우리가 예수님의 성체를 모심으로써
우리는 예수 그리스도와 내용과 질이 같게 된다.
그렇게 하여 우리가 예수님과 같게 된다.

우리가 합장(合掌)하는 것은
예수 그리스도와 하느님과가 하나로 같다는 것을 나타내는
우리 믿는 마음의 표시다.
우리가 마음을 다하고, 목숨을 다하고, 생각을 다하고, 힘을 다하여
열절한 믿음으로 진정히 기도하면
성령에 의해서 새로 나게 되어
우리가 영적으로 회귀(回歸)하여 원위치(原位置) 0에 있게 되고,

예수 그리스도와 더불어(1) 있게 되어,
곧 a = 0 이 되고 b = 1 이 되어,
하느님의 뜻을 알 수 있게 되고(로마 12,2),
하느님의 뜻 안에 머물게 되어
Y = X로 된다.
이렇게 하여 하느님과 예수 그리스도님을
우리 안에서 하나로 같게 모시는 것이다.

의언행(意言行)이 비록 글자의 형태가 다르고 그 이름이 다르지만
그 내용과 질이 같기 때문에 서로 하나다.
하느님과 예수 그리스도와 성령이 이름이 다르지만
그 내용과 질이 같기 때문에 하나인 것처럼.

반경(半徑)을 알면 원의 면적을 알 수 있다.
반경 r을 모르면 원의 면적을 알 수 없다.

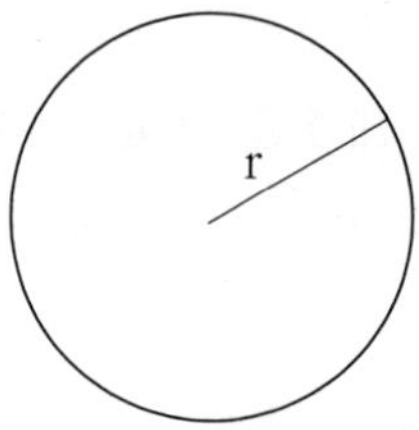

원의 면적 = πr^2

그처럼 하느님(원의 면적)을 알려면 예수님(반경r)을 알아야 한다.
예수님을 모르고서는 하느님을 알 수 없다.
인격적(人格的) 속성(屬性)에서 하느님의 근원을 찾는 것이
더 크게 효과적이다(우징송吳經熊).

하느님이 보내셔서 사람으로 이 세상에 오신 그리스도로부터
하느님을 찾는 것이 가장 효과적이다.
그러므로 '너희가 나를 알았으니 나의 아버지도 알게 될 것이다.
이제부터 너희는 그분을 알게 되었다. 아니 이미 뵈었다.'(요한 14,7)
하신 말씀이 참으로 참으로 진리의 말씀이요 옳은 말씀이다.

나의 아버님은 조상을 찾으셨다.
그러나 아버님은 몹시 하느님을 찾으려 하셨지만
하느님을 끝내 찾지 못하셨다.
그런데 나는 하느님을 찾게 되었다.
우리 집안 32대 째에 가서야 겨우 찾게 되었다.
배문한(裵文漢, 대학, 대학원 동문) 신부님의 도움으로
예수 그리스도를 알게 되었고,
예수님을 통하여 하느님을 알게 되었다.

인간의 마음 안에서
Y = X 되게 하여
예수그리스도를 통하여 하느님 현존을 체험하고 증거 하기에는
인간의 힘으로는 불가능하다.
그러기에 하느님의 힘, 하느님의 지혜, 하느님의 사랑이
인간을 거기로 이끌어 주시지 않으시면 안 된다.
그래서 신앙으로 이것을 하느님께, 또 예수님께, 성령께 구하는 것이다.
찾는 것이다, 두들기는 것이다.
우리가 우리 힘으로 우리 안에서
스스로 a = 0, b = 1이 되게 하기란 어렵기 때문에,
곧 우리 힘으로 직접 우리 안에서 Y = X 되게 하기는 불가능하기

때문에
우리가 우리 자신을 먼저 회귀(回歸)시켜 원위치(原位置) 0에 있게 하여
예수 그리스도와 하나(1) 되게 하므로 해서
하느님과 일치하고자 하는 것이다.
예수 그리스도와 함께 십자가에 못 박혀 죽어
자신의 그 영혼의 자리에 하느님이 오셔서 사시게 함으로써
즉 a = 0이 되게 하고, b = 1으로 되게 하여 하느님과 일치하게 하여
비로소 우리는 하느님 현존을 체험하고 증거 하게 되는 것이다.

양파의 껍질을 하나하나 계속 벗겨 들어가면
남는 것은 하나의 둥근 세포뿐이다.
이 세포 안에 시원(始原)의 말씀이 들어 있어서
그 말씀으로부터 생명체의 형체(形體)가 나오고 생명(生命)이 나온다.
우리는 양파만 알고 있지 그 양파 안에
이러한 둥근 세포가 있음을 잘 모른다.
더욱이 그 안에 생명이 들어 있음을 잘 알 수 없다.
그러니 그 안에 담겨져 계시는 하느님을 알 길이 없고
하느님의 말씀이 담겨 있음을 알 수 없다.
말씀은 바로 하느님이시다.
생명은 하느님으로부터 나오는 것이다.
하느님의 말씀으로부터 나오는 것이다.
그러므로 만일 우리가 양파의 껍질을 계속 벗겨 들어가
궁극의 한 둥근 세포를 알면
하느님을 알고, 하느님의 말씀을 알고,
하느님이 주시는 생명을 알 수가 있다.

성경의 껍질을 하나하나 벗겨 들어가면
빛, 생명, 사랑의 알맹이를 발견한다.
이 알맹이 속에는 하느님의 말씀이 들어 있음을 본다.
이 하느님의 말씀으로부터 받는 생명과 사랑은
모든 인간에게 똑같이 들어 있다.

하느님의 말씀이 하느님 안에도 우리 인간 안에도 들어 있다.
하느님 안에 이런 말씀이 들어 있고, 그 말씀으로부터 빛이 나오고,
생명이 나오고, 사랑이 나온다.
인간 안에도 하느님으로부터 받은 하느님의 말씀이 고스란히 들어 있다.
이 말씀으로부터 빛이, 생명이, 사랑이 나온다.

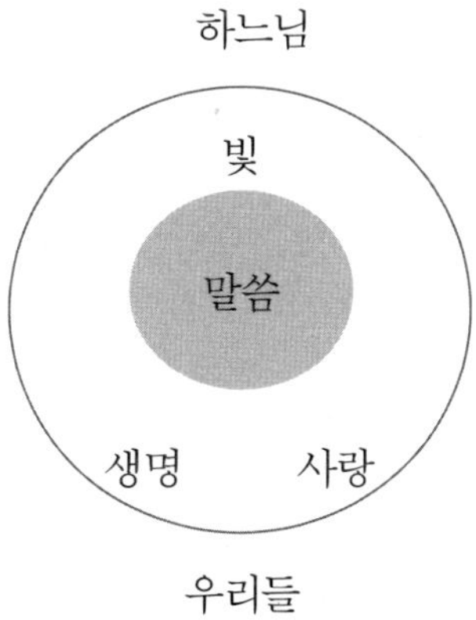

그러므로 이 양파로부터 껍질을 무한히 벗기고 벗겨 들어가면
생명이 나오고 그 생명 안에 말씀이 들어 있음을 본다.
그러므로 이 무한으로부터 곧 하느님으로부터, 다시 말해서 말씀으로부터
빛이 나오고 생명이 나오고 사랑이 나오는 것이다.

면병(성체)을 반으로 쪼개고 또 그것을 반으로 쪼개기를 계속하면 결국에는 무한히 무(無,0)에 접근할 수 있다.
곧 하느님께 접근할 수 있다.
이렇게 하여 하느님을 체험 할 수 있고 증거 할 수 있다.

하루가 천년

내가 기도하는 중에
무아경(無我境)에 든다.
그것은 매우 짧은 시간이다.
그러나
그때 나에게 느껴지는 것은
천년 같다.

그리고 무아경 중에 있을 때
떠오르는 생각은
매우 짤막하다.
그러나 그가 품고 있는 뜻은
바다와 같이 크고 넓다.

'사랑하는 여러분
이 한 가지를 잊지 마십시오.
주님께는 하루가 천년 같고
천 년이 하루 같습니다.'
(II베드로 3,8)

이것이
오늘 주일날 제2독서에 나오는
성경 말씀이다.

어제 밤 연속극 '에덴의 동쪽'을 보다가
'하루가 천년 같다'는 말을 들었다.
그리고 며칠 후 연속극 '대왕 세종'을 보다가
세종의 왕후 심씨가 명나라 요동별궁을 방문하고
돌아오는 길에 아들(훗날의 세조)에게 이렇게 말했다.
'너와 함께 걸어서 천리(千里)가 한 걸음 같았다'고 했다.

클리블랜드 성 김대건 한인 성당 창립 30주년 기념 피정에
'나의 신앙체험'이라는 제목 하에서 이야기를 했을 때
위에 적은 성경 말씀을 인용하여 나의 말을 시작했다.
그때 이렇게 말했다.
'나는 기도 중 무아경(無我境)에 종종 드는데
그게 매우 짧은 기간이지만
내가 체험하는 것은 천년 같이 느껴진다고 했다.
하느님과 함께 하면 하루가 천년 같고
천년이 하루 같기 때문이라고 했다.
이것은 하느님과 함께 하면
시공(時空)을 초월하여
무한에 들기 때문이라고 했다.'

이러한 일련의 일들이
거의 같은 시기에 일어났다.
참으로 우연이라고만 하기가 어렵다.

필경 성령의 인도하심이 아니고서는
이러한 일련의 일들이 이렇게 함께 일어날 수가 없을 것이다.

이로써 무엇을 나에게 알리시고자 하시는 것일까?
그것은 아마도 하느님과 함께 하는 삶을 살아가라 하시는 것이리라.
그렇게 하여 '하루가 천년 같고 천 년이 하루 같다'는 하느님 말씀을
나의 영혼 안에 깊게 깊게 심어 튼튼한 뿌리 박히게 하여
영원함을 체험함으로써 꽃피어 충실한 열매 맺도록 하라 하심이리라.

초월적이고 원형적인 자기와의 만남

심리학자 융이 지적했듯이
심오하고, 자아 초월적이며, 원형적인 자기와의 만남은
모든 종교와 '신(神)' 개념의 근원에 이르게 한다.

무의식(無意識)을 기능적으로 명백히 정의할 때
'말로 표현할 수 없음'을 그 특성으로 든다.
또 고대 앵글로색슨 전통에서 빌려 온 다른 식의 표현으로는
'아직은 말로 형성되지 않음'이 가깝다.

무의식(無意識)은
'_____' 이렇게 말로 표현 할 수 없는
또 신(神)이라고 부르는, 또는 물질 에너지의 원천이라고 하는 것이다.
여기서 우리는 분명히

심리학(心理學)과 종교(宗敎) 와 시(詩)가 만나는 지점에 도달한다.

이러한 여러 본질적 연합은
각자의 창조적인 충동을 양육하는 것이며,
내면의 통합과 전일성(全一性)을 획득하는 길일 뿐 아니라
외면적으로는 집단적 삶이 조화와 변형을 초래하게 되는
가장 핵심적인 중요성을 띤다.

심오한 자기self, 그리고 초월적, 집단적, '객관적 심리'는
모든 문화에서 신(神)에 관한 직관이 탄생하고
의례가 발생하는 원천이다.

심오하고, 초월적이며, 원초적인 자신(自身)과의
만남은 종교(宗敎)와 신(神) 개념의 근원이 된다.

이렇게 여러 측면에서 꿈은
가장 중요하고 깨어 있는 의식과 규칙적으로 만나게 하는 원천이 된다.
이런 의미에서 꿈의 내용이 분명하든,
종교적인 의미를 표현하고 있든 그렇지 않든 간에 상관없이
모든 꿈엔 종교적인 원형의 차원이 은연중에 포함되어 있다.
또 어떤 특별한 경우 심오한 의식의 요소가 분명히 드러나는 꿈이 있는데
이런 경우를 이른바 '큰big' 꿈이라고 한다.
그러나 우리는 가장 평범하고 세속적으로 보이는 모든 꿈에도
자아(自我) 초월적이고, 원형적이고, 종교적인 의미가 항상 존재한다는 점을

기억해야 한다.
꿈은 가장 중요하고 깨어 있는 의식(意識)과
규칙적으로 만나게 하는 원천이다.
꿈엔 종교적인 원형의 차원이 포함 되어 있다.

Jeremy Tayler -

무아경(無我境)에 들게 되면,
특히 믿음으로 무아경(無我境)에 들게 되면
자아 초월적이고 원형적인 자기와 만나게 된다.
창조적 충동을 갖게 되고
내면의 통합과 전일성(全一性)을 갖게 되어
집단적 삶의 조화와 변형을 갖게 된다.
그리고 하느님과 만나게 된다.

최고의 은혜

당신은 모든 것을 잊고
오로지 하느님만을 기쁘게 해 드릴 수 있게 되었으며 또
당신은 이미 자신의 것이 아니고 하느님의 것이기에
당신은 최고의 은혜를 받았습니다(십자가의 성 요한).

은혜가 참된 것이면
영혼을 내적 겸손으로 때려부수고
무(無)로 돌린 다음이 아니고서는

그게 주어지지 않습니다(십자가의 성 요한).

자신을 예수 그리스도와 함께 십자가에 못 박아 죽여
기왕의 영혼을 때려 부수고 무(無)로 돌리면
그 자리에 하느님이 들어오시어 사시게 된다.
이것이 우리가 누릴 수 있는 최고의 은혜이다.
체험할 수 있는 하느님의 최고의 은총이다.

자신을 예수 그리스도와 함께 십자가에 못 박아
기왕의 자신의 영혼은 죽어버리고 무(無)로 돌리면
그 자리에 하느님께서 들어오시어 사신다.
그러면 자신은 자신의 것이 아니고 하느님의 것이 된다.
이것이 사람이 가질 수 있는 최고의 체험이요
누릴 수 있는 지고(至高)의 영광이다.
이것이 바로 선인들이 경험한
이형거지(離形去知), 동어대연(同於大然)의 경지요
범어일여(凡於一如), 신심일여(身心一如)의 경지이다.

내 자신을 예수 그리스도와 함께 십자가에 못 박으면
내 영혼이 죽은 그 자리에
하느님께서 오시어 사신다.
그러면 나는 나의 것이 아니라 하느님의 것이다.
그러면 내 안에서 내가 생각하는 것이 아니라
하느님께서 생각하시고,
내가 말하는 것이 아니라
하느님께서 말하시는 것이고,
내가 행동하는 것이 아니라

하느님께서 행동하시는 것이다.

자신의 모든 것을 잊고
오직 하느님만을 기쁘게,
또 자신은 이미 자신의 것이 아니고
하느님의 것이 되었으니 이것이
하느님으로부터 받을 수 있는 최고의 은총이다.

교황 요한 바울로II세는 당신의 유서에
'나는 오로지 당신 것'이라 하였다.
교황 요한 바울로II세는
내적 겸손으로 기왕의 영혼을 때려 부수고
무로 돌리셨다.
그렇게 하여 오로지 하느님의 것이 되었다.
그러므로 교황 요한 바울로II세는
하느님으로부터 최고의 은혜 받으셨다.

주님께서 높여 주시지 않으시면 어찌 이 비천한 몸이
주님에게까지 오를 수가 있겠는가?
이형거지(離形去知), 동어대연(同於大然)의
경지에까지 다다를 수 있는 것은
자신의 힘으로가 아니라
하느님의 힘으로서다.
하느님의 자비하심으로서다.
하느님의 베푸심으로서다.
하느님의 이끄심으로서다.

모든 것이 중심력을 향해 존재하는 데
내 어찌 모든 것의 중심이신 하느님을 향해 존재하지 않겠는가?
내 어찌 하느님의 것이 되지 않을 수가 있겠는가?

그러면 나는 나의 뜻대로 사는 것이 아니라
하느님의 뜻대로 살게 되고,
나를 위하여 사는 것이 아니라
하느님을 위하여 살게 된다.
내가 내 안에서 사는 것이 아니라
하느님께서 내 안에서 사신다.
이렇게 되는 것이 바로 새로 남이다.
나의 지혜는 하느님의 지혜요,
나의 눈은 하느님의 눈이요,
나의 시간은 하느님의 시간이요.
나의 길은 하느님의 길이다.
나의 진리는 나의 진리가 아니라
하느님의 진리이고,
나의 생명은 나의 생명이 아니라
하느님의 생명이고,
나의 힘은 나의 힘이 아니고
하느님의 힘이고,
나의 희망은 나의 희망이 아니라
하느님의 희망이고,
나의 베품은 나의 베품이 아니라
하느님의 베푸심이다.

인간이 인간일 것을 포기하고 인간 이상의 것이 되어야

올바름에 다다를 수가 있다.
정(正)에 다다를 수가 있다.
그러기 위하여서는 대립이 있는 유한성을 뛰어 넘어
대립이 없는 무한성에 다다라야 한다.
이 테두리를 뛰어 넘어 숨쉬고 생각하고 보고 듣고 말하여야 한다.
이렇게 함으로써 우리는 하느님으로부터 최고의 은총
받게 될 수 있는 것이다.

함께

하느님의
인류 구원은
주님께서
성모님과 함께 하심으로써
시작되었다.

인류 구원은
예수 그리스도의 탄생으로
본격화 되었으며
예수 그리스도의 십자가상에서의
치명 후 부활로써
완성되었다.

하느님 나라는
예수 그리스도의 재림으로

오게 될 것이다.

예수 그리스도를 따라
예수 그리스도와 함께 한 초기의 사람들이
사도가 되었다.

예수 그리스도와 함께 한
오 천명은 배불리 먹었고
하느님 가족이 되는 은총 받았다.

예수 그리스도와 함께 한 사람들은
또 구원 받았다.

'함께'라는 낱말의 뜻은
이렇게 엄청난 의미를 갖고 있다.
그것은 몸이 함께 하는 것만이 아니라
영적으로 함께 하는 것을 말한다.

성모님은
예수 그리스도께서 함께 하심으로써
성모님이 되셨다.
이보다 너 큰 은총과 축복은 없다.
이보다 더 기쁜 것은 없다.
이로써 받게 되는 힘보다 더 큰 힘은 없다.

이로써 신기원(新紀元)이 시작되었다.

'은총이 가득히 입으신 마리아님
기뻐하소서
주님께서 함께 계시니
여인 중에 복되시며
태중에 나신 예수님 또한 복되시도다.'
이 성모송이 알리는 뜻을 이렇게 살펴본다.

성모님과 예수님은 복되시다.
성령을 통해 주님과 함께 계시기
때문이다.

함께함은 믿음으로써다.

만강(萬江)의 강물이 바다로 들어가
하나가 되듯이
우리는 각자 믿음으로 하느님 품 안으로 들어가
하느님과 함께 한다.

임마누엘은
하느님은 우리와 함께 계신다는 뜻이다.
God be with us.

이 말씀으로 중묘(衆妙)의 문(門)이 열렸다.

이 말씀으로 성모님은 성모님이 되셨듯이
우리는 우리가 된다.
우리는 새로 난다.
나는 나가 된다.
나는 새로 난다.
진아(眞我)가 된다.
이보다 더 큰 은총과 축복은 없다.

주님과 함께 하다

우리가 늘 외우며 기도드리는
다음의 성모송이 담고 있는 진리는 참으로 놀랍다.

'은총이 가득히 입으신 마리아님
기뻐하소서.
주님께서 함께 계시니
여인 중에 복되시며
태중에 나신 예수님 또한 복되시도다.
천주의 성모 마리아님은
이제와 우리 죽을 때에
우리 죄인을 위하여 빌어 주소서!'

하느님께서 성모님과 함께 계시다고 하니
이 '함께'라는 말의 뜻은
하느님과 성모님은 개별적 개인으로 계시지만

완전한 개체로 계신 하느님은 완전한 개체로 계신 성모님 안에
완전히 함께 계시다는 것이다.
왜냐하면 완전하신 하느님과 완전하신 성모님과의 사이에는
유한성이 없어서 그러한 신적(神的)인 관계는
상호간에 개별성(個別性)이 있으면서도 동일성(同一性)에까지 높여진
일치된 결합을 이룬 것을 의미하기 때문이다.
(粕谷甲一의 '꽃피는 봄'에서)

이렇게 하느님께서 성모님 안에 완전히 함께 계시니(이사 7,14),
곧 하느님께서 성모님 안에서 성모님과 완전히 하나로 계시니
성모님은 은총이 가득히 입으셨고,
여인 중에 복되시며, 태중에 계신 예수님 또한 복되시다.

그처럼 인간 개개인이 자기 안에
하느님을 모셔 들여 함께 하면
은총이 가득할 것이고, 복될 것이며
또 예수님께서도 복되실 것이다.
왜냐 하면 그게 바로 예수님께서 우리 인간 모두에게서 바라시는
인간 성화(聖化)이기 때문이다.

그러므로 우리는 성모송으로 열심히 기도하여
각자 하느님과 예수님을 모셔 들여
하느님과 예수님과 함께 함으로써 성화되도록 꾀하여야 할 것이다.
이것이 우리 신앙인이 종국적으로 희망하는 지복(至福)이요
하느님께서 우리에게서 바라시는 것이다.

기도 중 무아경(無我境)에 들었을 때

떠오른 것이 '주님과 함께 하다' 였다.
그래서 그 뜻을 더 살펴보려고 기도하다가
성모송에서 위와 같은 뜻을 찾게 된 것이다.

어떻게 하면 '주님과 함께' 할 수 있을까?
또 그렇게 되면 어떻게 될 것인가?
이를 알아보기 위해서는 성경에 기초하여 알아보는 것이
가장 좋은 방법일 것이다.
성경에 '주님 안에서'라는 말과 '주님과 하나'라는 말이 나온다.
성경에서의 '주님과 함께'와 '주님 안에서' 그리고 '주님과 하나'라는
말은
의미 상통하는 것으로 공통성 내지 동일성을 갖고 있다.
그러면 성경에서 이와 관련이 있는 구절들을 찾아
그들로부터 어떻게 '주님과 함께'할 수 있는가?
또 그렇게 되면 어떻게 될 것인가에 대한 그 해답을
구해 보고자 한다.

'하느님 뜻대로 살아가는 사람은 하느님 안에 있으며
하느님 계명을 지키는 사람은 하느님 안에서 살고
하느님께서 그의 안에 계신다'(I요한3,24)
'너희는 내 사랑 안에 머물러 있어라.
내가 내 아버지의 계명을 지켜 그 사랑 안에 머물러 있듯이
너희도 내 계명을 지키면 내 사랑 안에 머물러 있게 될 것이다.'
(요한15,9-10)
'하느님 말씀을 따라 하느님을 사랑하는 사람은
하느님 안에서 살아가는 사람이고,
그리스도께서 사신 것처럼 사는 사람은

하느님 안에서 살아가는 사람이다.'(I요한2,5-6)
'내가 그리스도 안에서 살고
그리스도께서 내 안에 살고 계심으로써' (갈라 2,20)
나는 새로운 피조물이 되어 새로이 살게 되는 것이다.
'예수 그리스도가 우리들 안에 계시고
아버지께서 예수 그리스도 안에 계신 것은
우리들을 완전히 하나가 되게 하시려는 것이다.(요한 17,23)
'이제부터 우리는 그리스도 안에서 한 몸이 된 것이다.(에페 4,15)
이렇게 그리스도 안에서 한 몸이 됨으로 해서
영원히 살아 계시는 하느님 안에서 우리는 영원히 살 수 있을 것이다.
'아버지 이 사람들이 모두 하나가 되게 하여 주십시오.
아버지께서 내 안에 계시고 내가 아버지 안에 있는 것과 같이
이 사람들도 우리들 안에 있게 하여 주십시오.
그러면 아버지께서 나를 보내셨다는 것을 세상이 알게 될 것입니다.
아버지께서 나에게 주신 영광을 나도 그들에게 주었습니다.
그것은 아버지와 내가 하나인 것처럼
이 사람들도 하나가 되게 하려는 것입니다.
내가 이 사람들 안에 있고 아버지께서 내 안에 계신 것은
이 사람들을 완전히 하나가 되게 하려는 것입니다.'(요한 17,21-23)

하느님과 그리스도와 우리가 하나라는 것은
하느님과 그리스도에 적용된 것은 우리에게도 적용된다는 것을 의미한다.
그러므로 우리도 하느님과 그리스도와 같이 완전하며,
하느님을 아버지라 부를 수 있고 하느님의 자녀가 되며,
하느님과 그리스도로부터 무한한 힘을 받게 되고,

그리스도의 부활의 영광도 누릴 수 있다.
그리고 우리 안에 '주님께서 함께 계시니'
우리는 행복하지 않을 수가 있겠는가?

하느님 계명을 지켜가며 그리스도께서 사신 것 같이
하느님 뜻을 받들며 살아가는 사람은
하느님과 함께 하느님 사랑 안에 머물러 무한한 힘과 축복 받고
행복하게 살게 될 것이다.
그렇게 하여 그는 새로운 피조물이 되어
새로이 살게 될 것이다. 그리고
그리스도 안에서 한 몸이 됨으로 해서 하느님과 하나가 되어
영원히 살아 계시는 하느님 안에서 영원히 살 수 있는
광영을 누리게 될 것이다.

현시(顯示, Revelation)

'아버지,
하늘과 땅의 주님,
지혜롭다는 자들과 슬기롭다는 자들에게는
이것을 감추시고 철부지들에게는 드러내 보이시니
아버지께 감사를 드립니다.
….
아버지 외에는 아들이 누구인지 아무도 알지 못한다.
또 아들 외에는, 그리고 그가 아버지를 들어내 보여주려는 사람 외에는

아버지께서 누구이신지 아무도 알지 못한다.
….
너희가 보는 것을 보는 눈은 행복하다.'
(루가 10,21-23)

오늘의 성결 말씀이다.
아삼숀 성당 보좌신부님이신 Kenneth신부님이 새벽 미사 강론 중에 이 성결말씀과 관련하여 현시(顯示) 곧 revelation에 대하여 말씀하여 주시어
현시에 대하여 보다 잘 이해하게 되었다.

루가 복음서에 나오는 이 성경 말씀은
하느님의 현시(顯示)에 대하여 잘 알리고 있다.

하느님께서는
지혜롭고 슬기롭다고 하는 자들에게는 당신을 보이시지 않으시고
철부지들에게 드러내 보이신다.

그리고 하느님의 아드님 주 예수 그리스도께서
드러내 보여 주시려는 사람들에게
하느님께서는 당신을 보이신다.

하느님의 현시를 뵐 수 있는 사람들은
행복하고 행복하다.

현시(顯示)는 모습으로만 보이시는 것이 아니라
말씀으로, 뜻으로, 또 행동(작용)으로도 보이시기도 하신다.

그렇다면
내가 기도 중에 무아경(無我境)에 들었을 때
떠오르는 여러 가지 것은
필경 하느님께서 성령을 통하여
당신을 나에게 현시하시는 것이 아니겠는가?

그러면
나는 행복하고 행복한 사람의 하나다.
감사하고 감사하여라.

영감靈感

영감(靈感)이란
'영(靈) 안에 있다(in-Spirit)' 라는 의미를 갖는다.
또 영감이란 이 물질세계의 여기 지금 영 안에 존재하는 상태이다.
영감은 우리의 영적 시원(始源)과 다시 연결 지어준다.
우리 내면에서의 영의 인식이 영감이기도 하다.
그것은 모든 것이 반사되는 보이지 않고 모양 없는 장(field), 곧 의지라 부르는 일종의 에너지 장(energy field)으로 되돌아감이다.
현미경적 입자로 되기 전의 한 부분인 에너지에
우리를 재 연결하는 생각, 또는 아이디어(idea)가 영감이다.
우리가 영 안에 있으면 우리는 영감을 받는다(inspired).
우리가 영감(靈感)을 받게 되면
우리는 영(靈) 안에 다시 돌아 가 있고,
우리 안에서 영에 깨어나 있게 된다.

그리고 희열을 느끼고,
창의적인 생기가 흘러나오고,
커다란 에너지가 넘쳐 나오게 (흐르게) 된다.
남을 판단치 않고 자신도 판단치 않는다.
모든 일에 기쁘고 인내하고 사랑한다.
이전에 종종 좌절되는 행태와 태도에도 별로 좌우 되지 않게 되고
그런 것들에 관심을 쏟지 않게 된다.
그리고 마음은 숨 쉴 때마다 감사의 노래로 가득 차게 된다.
우리가 영에 더 깊게 들어감에 따라
타인들의 또 자신들의 아집(ego demands)에 이끌리는 것으로부터
헤어나게 된다.
영감 안에 있으려는 노력에 걸림돌이 되는 아집을 없이하려 든다.
우리는 이 영감에 있는 상태로 이끄는 상존하는 힘에 승복하게 되고
우리의 진정한 삶의 목적에 최종적으로 불림 받게끔 인도된다.
우리가 이런 영감을 받게 되면
모든 면에서 우리 육신에 보다 더 커다란 힘과 연결된다.
그 커다란 힘이란 우리가 형태를 갖추고 이 세상에 태어나기 이전의
풍족, 창조, 사랑, 평화, 기쁨, 안녕 등을 가져다주는
창조주의 내재된 힘의 주인이신 하느님의 일부다.
우리는 우리 안에 흐르고 있는 이 거대한 에너지 장(energy field)과
합류할 수 있다는 것을 인지하고
그 에너지 장의 원천이 우리의 일상생활에 참여할 수 있도록
그것을 모셔 들여야 한다.
그리고 우리의 아집(ego)을 억제하고
우리를 창조한 그 에너지를 신봉하는 아이디어(idea)에 인도된다.
그리고 우리는 영 안에 살기로 선택하여
물적(육적)인 존재로서의 삶보다

더 커다란(위대한) 그 무엇을 신봉한다.
그것에 귀 기울이고 받아들이면 영이 우리를 인도한다.
그렇지 못하면 우리는 영감 되지 않는다.

왜 내가 영감을 얻게 되는가?
그것은 내가 아집(ego)의 세계를 떠나
다른 사람들에게 유익하게 하기 위하여
영을 표출하는 세계에 들기 때문이다.

텅 빈 본성에서 소리를 들으면

텅 빈 본성에서 소리를 들으면 내 목소리나 상대의 목소리나 똑같은 본성 자리에서 나온다는 것이 보인다.
더 기가 막힌 것은 상대의 목소리가 나오는 그 자리와 그 목소리를 듣는 그 자라가 또 한 치의 오차도 없이 같은 자리다.
듣는 놈이랑 말하는 놈이 동시에 한 치의 오차도 없이 같이 일어난다. 이것이 묘법이다.

혜민 스님

해와 팜 나무와 나

어느 날 이른 아침
거기에는

다만 둥근 해와
팜 나무와 그리고
나만이 있었습니다.
무엇인가 깊은 관계가 있는
사이입니다
사연을 주고받고 할 수 없는
사이지만
서로가 비밀을 잘 알고
있는 사이입니다.

Sun, Palm Tree and I

One day early in the morning
There were
Only round sun
A palm tree
And I
They have intimate relationships
Among themselves, however
No way to communicate
And exchange their secrets
But they are the ones
Who know so well their secrets each other
….
아프리카 북위 9도에 위치한
나의 국제열대농학연구소에서 살 적

어느 날 이른 아침 일찍이 일어나
아직 아무 인기척 없을 때
곧 바른 팜 나무가 여기저기에 우뚝 우뚝 서 있는
연구소 내의 고요한 길을 혼자서 무심히 거닐고 있었다.
그때 동녘에 둥근 빨간 해가
하나의 곧 바른 팜 나무 저 너머로 막 떠오르고 있었다.
이때 갑자기 해와 팜 나무와 나가 서로 이야기 하고 있었고
한통속이 된 그런 영감이 떠올라 위와 같이 적은 것이다.
너무나 수식 없는 단조로운 시다.
그러나 나의 당시 초연적(超然的) 느낌을
이 시에 온전히 담고 있다고 본다.

주의 기도를 드릴 때
거기에는
하느님과 예수 그리스도와
나 외에는 아무도 없다.
생명의 관계
사랑의 관계에 있는 사이지만
사연을 주고받고 할 수가 없다.
그러나 서로가 잘 알고 있는 사이다.
(하느님과 예수 그리스도 앞에 감히 맞대고 서서 기도 드립니다.)

한상기韓相麒

號 波岩 雅正
충남 청양 태생
전 서울대학교 농과대학(농생대) 교수
전 나이지리아 소재 국제열대농학연구소 소장보
카사바 내병다수성 품종 개량보급으로 아프리카 식량난 해소
기네스 과학공로상
나이지리아 이키레읍 추장(농민의 왕)
미시간주립대학교 우수동창상
자랑스러운 서울대인상(개교 50주년 기념식)
자랑스러운 대전고등학교 대능상
영국생물학회와 미국 작물학회 펠로우
전 미국 코넬대학교와 조지아대학교 명예교수

나는 나이고 싶다 I Wish I Could Be I **제5권**

2018년 7월 30일 초판 1쇄 발행

저　자 : 한상기
발행인 : 김병환
발행처 : 학자원
주　소 : 서울시 강동구 천호대로 1121
전　화 : 02) 6403-1000
팩　스 : 02) 6338-1001
E-mail : hakjaone@daum.net
등　록 : 2011년 3월 24일 제2011-14호

ISBN 979-11-6247-078-7 04230
　　979-11-6247-033-6 세트
값 15,000원